정신분석 아카데미 시리즈 9

제4차 산업혁명에 대한 정신분석적 고찰

박 보 린 지음

정신분석 아카데미 시리즈 9

정신분석 아카데미 시리즈는 정신분석학 분야의 우수한 논문들을 단행본으로 출간함으로써 한국의 정신분석학의 발전에 기여하는 것을 목적으로 하고 있으며, 이 시리즈의 책들의 판매에서 발생하는 수익금은 전액 한신대학교 정신분석대학원 장학기금으로 사용되고 있습니다. 이 시리즈에 포함될 논문은 한신대학교 정신분석대학원 논문심사위원회에서 선정합니다.

제4차 산업혁명에 대한 정신분석적 고찰

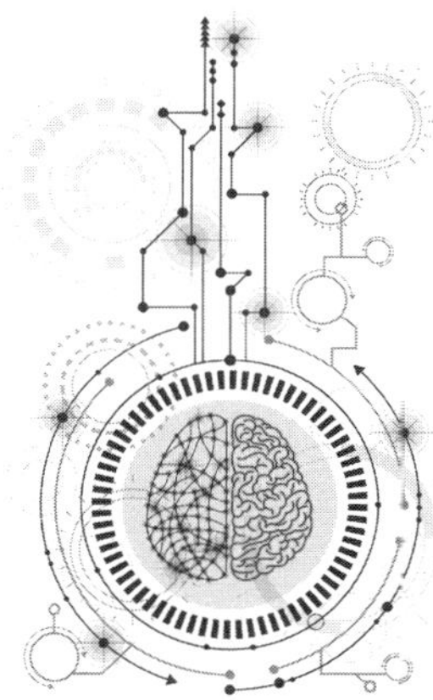

목 차

I. 서론

1. 연구 동기 및 목적

디지털이라는 단어가 생소하던 1990년대부터 여러 가지 전자 기기의 기능을 합쳐놓은 스마트폰이 보편화된 2017년에 이르기까지 한국뿐만 아니라 전 세계가 급변하는 산업발달의 변화 속을 숨 가쁘게 달려왔다. 최신 기기에 채 익숙해지기도 전에 새로운 모델들이 쏟아져 나오는 시대 속에 적응하며 우리는 살고 있다. 이렇듯 빠르게 변화하는 시대에 맞추어 가는 과정에서 과학기술이 우리의 삶에 어떠한 영향을 미치고 있으며 기술의 발달과 사용에 우리의 어떤 사상이나 소망이 담겨있는지에 대한 충분한 심사숙고는 이루어지지 않고 있다. 따라서 많은 기술의 남용과 오용이 사회적 문제가 되고 있지만, 우리는 4차 산업혁명이라는 한층 더 정교화 된 기술 발달의 등장에 흥분과 기대를 감추지 못하고 있다. 아이건은 우리가 우리에게 일어난 일들을 그리고 내면에서 일어난 일들을 견뎌내고 작업할 수 있는 능력이 없을 때 외상을 입는다고 말한다.[1] 과학 기술의 발달을 통해 우리에게 벌어지는 일들, 그리고 그것이 우리의 내면에 어떠한 영향을 행사하는 지에 대한 고찰 없이 발전만을 추구하는 것은 우리가 스스로를 외상의 위험에 노출시키는 것과 마찬가지라고 볼 수 있다.

현실에서 적용되고 있는 4차 산업혁명이 내세우는 기술을 살펴보면, 이미 3차 산업혁명 때부터 시작된 디지털 세대의 흐름과 함께 이전 산업발달에서 축적된 문제들까지 고스란히 이어져오는 것을 볼 수 있다. 우리 사회에 만연한 과학기술은 이미 여러 방면에서 사용되고 있기 때문에 우리 삶의 많은 부분들이 기술에 의존하고 있는 실정이다. 인간의 삶과 과학 기술을 떼어 생각할 수 없는 오늘날, 우리는 어떻게 하면 기계와 인간이 올바르게 협업할 수 있는지를 숙고해보아야 한다. 그러므로 더욱 고도화된 기술의 발달을 추진하기 전에 현재 사용되는 과학 기술이 우리에게 어떠한 영향을 미치며 우리가 무엇을 위해 이 기술들을 발달시키고 삶에 적용하고 있는지에 대한 고찰이 필요하다.

우리는 과학적 연역체계가 이성과 논리를 기반으로 한다는 점에서 과학기술을 우리의 삶에 적용하는 것에 상당한 심리적 안정감과 위안을 찾는 경향이 있다. 그러나 비온은 그의 저서 『숙고』에서 과학적 연역체계가 생각보다 객관적이지 않다고 주장한다. 그는 고대 그리스 시대부터 지성인들이 과학적 관찰을 토대로 지동설을 주장하였음에도 불구하고 르네상스 시대에 코페르니쿠스가 다시 기하학적 수학적 모델을 제시하기까지 종교적 영향으로 인해 지동설은 신성모독으로 처벌되었으며, 대신에 천동설이 진실로 규정되었던 역사적 사례를 예시로 설명한다. 비온은 자연의 진실도 결국에는 시대적 상황과 연구자의 가치 그리고 의도에 영향을 받아 **과학적**으로 관찰되고 연구될 수 있다고 지적한다.[2] 그러므로 우리가 순수과학이라 주장하는 과학의 내용들도 자연에 존재하는 진실 그대로의 형태가 아닌 우리의 주관으로 변형된 형태라는 비온의 의견에 연구자는 동의한다.

그러한 맥락에서 우리의 삶을 압도적으로 지배하는 과학기술 또한 절대적인 것이 아니라, 그것을 발달시키고 사용하는 인간에 따라 과학기술이 우리의 삶에 미치는 영향이 다를 수 있다. 기술은 중립적이기 때문에 어떻게 사용되느냐에 따라 그것의 영향이 긍정적일 수도 또는 부정적일 수도 있다. 그렇다면 우리가 겉으로 보이는 화려한 기술의 발달에만 관심을 기울일 것이 아니라 그것에 내재된 인간의 의도와 사상에 대한 질문을 던질 필요가 있다. 정신분석의 창시자인 프로이트는 인간의 정신 구조를 의식, 전의식 그리고 무의식으로 나누면서 특히 무의식의 중요성에 대하여 강조한다. 그는 인간의 무의식은 인간의 행동에 일차적인 출처라고 말한다.[3] 비단 행동뿐만 아니라 무의식이 우리의 생각, 감정, 그리고 판단들에 미치는 영향력은 강력하다. 그러므로 우리의 사고나 행동을 연구하기 위해서는 그것의 출처가 되는 우리의 무의식을 탐색해볼 필요가 있다. 그리고 질문과 탐색을 통해 과학 기술의 기저에 존재하는 우리의 무의식적 소망을 배움으로써 우리가 어떻게 하면 좀 더 인간중심의 방식으로 과학기술을 사용할 수 있을지에 대한 단서를 얻을 수 있을 것으로 보인다.

우리가 열광하던 디지털 시대를 이끈 3차 산업혁명은 이제 지나가고 4차 산업혁명이 도래하였다. 둘 다 디지털 산업에 기반을 둔만큼 중복되는 부분이 크지만 인간은 현재와 미래의 삶을 이미 4차 산업혁명과 함께 살기 시작하였다. 그렇다면 4차 산업혁명의 초입단계에 있는 지금이 바로 4차 산업혁명에 대해 이야기 해보아야 할 시간이다. 그러나 제대로 된 소개나 언급 없이 언론에서는 4차 산업혁명에 대한 정보를 제공할 때 주로 인공지능에 초점을 맞추어 환상적인 미래의 모습을 그리거나 또는 로봇이 인간을 장악할 것이라는 선정적인 보도를 통해 공포분위기를 조성하는 경향이 있다. 언론의 보도와는 달리, 인공지능이 인간의 뇌와 같이 기능하도록 하는 것은 생각보다 훨씬 어렵고 훨씬 더 오랜 시간을 필요로 할 것이다. 그보다 현재 발달되어 상용되고 있는 기술들이 우리의 삶에 어떠한 영향을 미치고 있는지에 대한 논의가 필요하다.

이와 같이 제4차 산업혁명을 기반으로 이루어지는 기술의 발달과 그로 인해 오늘날의 사회에 나타나는 현상이 여러 가지 측면에서 우리의 삶에 영향을 미치고 있다. 따라서 여러 과학 기술이 사용되는 방식은 우리의 정신적인 역동과도 밀접한 연관이 있다고 볼 수 있을 것이다. 이미 언급한바와 같이, 자연의 법칙도 인간의 주관적 견해에 따라 왜곡될 수 있기 때문에 우리의 무의식이 기술 발달에 미치는 영향을 무시할 수 없다. 그러므로 4차 산업혁명을 단순한 과학기술의 발달로 치부하기 보다는 정신분석적 이해와 함께 그 기저에 있는 우리의 무의식적 역동과 욕망을 살펴보고자 한다. 무엇보다 연구자는 그 과정에서 간과될 수 있는 쉼과 첨단 기기로 대체되어 축소되고 있는 대인관계 측면에서 인간의 정서적 성숙과 발달에 중요한 요소들이 무엇인지 연구해보고자 한다. 또한, 모니터 너머의 사이버 세상을 현실 세상보다 선호하는 현 세대의 무의식적 소망을 탐색해보고자 한다. 사이버 세상에 머무는 시간이 늘어나면서 축소된 대인관계와 그 공간 안에서 맺어지는 대인관계가 우리의 정신 건강에 어떠한 영향을 끼치며, 인터넷 상의 관계를 선호하는 무의식적 의도에 대해서도 이야기해보고자 한다. 이전에도 기술의 발달과 그것이 인간의 삶에 미치는 영향에 대한 연구들은 있었으나, 아직 초입단계에 있는 제4차 산업혁명을 정신분석적 이론을 적용하여 인간의 무의식을 탐색한 연구는 아직 없는 것으로 보인다. 그런 점에서 본 연구가 가지는 의의가 있으며 앞으로 이와 관련된 후속연구에 길잡이 역할을 할 수 있을 것으로 생각된다.

2. 연구 방법

본 연구는 먼저 제4차 산업혁명과 정신분석에 대한 문헌연구로 시작하여 그 둘을 접목시키는 분석 그리고 논의 총 3부분으로 나뉜다. 제4차 산업혁명 관련 전문가들의 서적을 참고하여 구체적으로 4차 산업혁명이 이전 산업혁명들과 어떻게 다르며 어떤 주요 기술들을 내세우는지를 알아볼 것이다. 정신분석 문헌연구에서는 인간의 정신세계에서 무의식적 환상의 역할과 환상과 현실 사이의 관계를 살펴보기 위해 프로이트와 클라인 그리고 위니캇의 이론을 참고할 것이다. 두 번째로 대인관계에서 진정한 친밀감 형성에 대한 정신분석적 해석을 위해 멜라니 클라인의 부분대상 관계와 두 자리 이론 그리고 위니캇의 홀로 있을 수 있는 능력을 참고할 것이다. 마지막으로 적당한 휴식생활이 인간의 정신세계에 미치는 영향과 쉼의 순간에 어떠한 정신역동이 일어나는지 살펴보기 위하여 비온의 소극적 능력과 항구적 결합에 대한 이론들을 참고할 것이다.

4차 산업혁명에 대한 정신분석적 재구성 부분에서는 4차 산업혁명이 인간의 환상, 대인관계 그리고 쉼에 어떠한 영향을 미치며 현재 사용되거나 발달되고 있는 과학 기술의 기저에는 어떠한 무의식적 소망이 있는지를 살펴보기로 한다.

마지막으로 논의에서는 4차 산업혁명의 두 가지 대표 슬로건인 초지능화와 초연결성이 어떻게 과학기술에 대한 우리의 무의식적 환상을 나타내는지 살펴볼 것이다.

3. 연구 문제

본 연구에서는 제4차 산업혁명이 인간에게 미치는 영향과 4차 산업혁명의 주요 과학 기술들의 기저에 놓인 무의식적 영향에 대해 탐구하기 위해 다음 문제들에 대해 답하려고 한다.

첫째, 제4차 산업혁명이 우리에게 좀 더 쉴 수 있는 삶의 여유를 가져다주었는가?
둘째, 제4차 산업혁명이 우리의 대인관계에 어떠한 영향을 미쳤는가?
셋째, 제4차 산업혁명이 우리의 환상세계에 어떠한 영향을 미쳤는가?

Ⅱ. 문헌연구

1. 제4차 산업혁명에 대한 문헌연구

1) 제4차 산업혁명 이전의 산업혁명

21세기의 제4차 산업혁명The 4thIndustrial Revolution에 이르기까지 3차례에 걸친 산업혁명들이 일어났다. 1차 산업혁명은 18세기 후반 영국에서 섬유 산업을 중심으로 일어났다. 증기기관 기반의 기계화 혁명을 기반으로 한 이 산업혁명은 물과 증기로 가동되는 기계의 탄생으로 이어졌으며 그것들은 제조설비에 도입되었다. 이전에 가내수공업이 중심이 되었던 시대에서 작업 과정에 기계를 도입함으로써 공장이 생겨나고 생산 속도가 더욱 빨라지는 결과를 얻었다. 2차 산업혁명은 19세기에 일어난 전기 에너지 기반의 대량생산 혁명을 가리킨다. 대량생산을 뒷받침하기 위해 노동은 분업화 되었고, 기술적으로는 전기설비가 도입되어 제조 산업은 대량생산시대로 진입하게 되었다. 3차 산업혁명은 20세기, 대략 1960년대부터 시작되었다. 3차 산업혁명은 정보 전달에 있어 아날로그analog 기술[4]이 아닌 디지털화digitalization[5] [6]를 기반으로 하기 때문에 이전 산업혁명들과는 근본적으로 다른 패러다임의 변화가 일어났다. 특히, 제조업의 기반이 디지털화되면서 이전과는 다른 자동화의 개념과 그에 대한 적용이 도입되었다. 3차 산업혁명을 따라 2000년도 즈음에 인터넷이 공용화되면서 물리적 현실세계만이 노동과 의사소통의 플랫폼이었던 사람들에게 디지털 기술을 기반으로 한 또 다른 차원의 세상이 열렸다. 또한 이전에는 가능하지 않았던 속도와 방식으로 정보를 전달하고 공유하게 되면서 세계는 패러다임의 변화를 경험하게 된다. 앞선 두 산업혁명 사이에 100년 정도의 시간이 걸렸던 것을 생각해 볼 때 2차 산업혁명과 3차 산업혁명 사이에는 그보다 훨씬 짧은 50년 정도의 시간으로 단축되었다. 이처럼 두개의 산업혁명 사이의 시간적 간격은 짧았지만 급격한 기술 발달은 삶의 방식에 이전과는 다른 차원의 변화를 가져왔다. 그리고 가장 최근의 4차 산업혁명과 3차 산업혁명 사이의 간격은 불과 50년도 채 걸리지 않았다. 그간의 추세를 보면 산업혁명들 사이의 시간적 간격은 점점 짧아지지만 변화의 크기는 커지는 양상을 보이고 있다.

2) 제4차 산업혁명의 시작

제4차 산업혁명은 미래가 아닌 현재 우리의 삶 속에서 일어나고 있는 현실이다. 21세기에 시작된 제 4차 산업혁명은 인공지능A.I, Artificial Intelligence, 사물 인터넷IoT, Internet of Things, 빅데이터Bigdata, 모바일 등 첨단 정보통신기술이 경제-사회 전반에 융합되어 혁신적인 변화가 나타나는 차세대 산업혁명이다. 1차 산업혁명을 시작으로 우리 삶의 많은 부분이 이미 기계에 의존되어 있는 상태이다. 인구의 90%가 언제 어디서나 인터넷 접속이 가능하며 오늘날 세계 인구의 43%가 인터넷에 연결되어 있다.[7] 3차 산업혁명과 4차 산업혁명은 둘 다 디지털 기술을 기반으로 하지만, 4차 산업혁명은 컴퓨터와 인터넷을 통해 정보전달과 공유의 혁명을 가져온 3차 산업혁명에 사물 인터넷IoT, 클라우드 컴퓨팅Cloud Computing[8], 빅데이터와 같은 지능정보기술을 더하였다. 또한 4차 산업혁명은 기존 산업과 서비스에 융합하며 3D 프린팅, 로봇공학, 나노기술 등 여러 분야의 신기술과 결합되어 현실세계 모든 제품-서비스를 네트워크로 연결하고 융합한다는 점에서 3차 산업혁명과 차이점을 보인다. 제4차 산업혁명은 초연결hyperconnectivity과 초지능superintelligence을 특징으로 하기 때문에 기존 3차 산업혁명에 비해 더 넓은 범위scope에 더 빠른 속도velocity로 큰 영향impact을 끼친다.[9]

제4차 산업혁명은 그것의 가장 대표적인 산업발달의 일부를 가리키는 인더스트리 4.0와 나뉘어져 생각될 수 없다. 4차 산업혁명과 인더스트리 4.0은 둘 다 독일이 선두에 앞장서서 연구하며 계획하고 있다. 독일에서는 3차 산업혁명에서 자동화가 시작되었고 더 큰 변화는 CPS Cyber Physical System, 자동화 시스템, 사물인터넷의 융합으로 이루어졌으며, 그 여파로 패러다임의 변화가 일어났기 때문에 4차 산업혁명이라고 부르게 되었다. 결과적으로 4차 산업혁명은 독일에서 3차 산업혁명을 새롭게 정의하면서 탄생한 용어이다. 인더스트리 4.0의 특징은 경제 혹은 산업의 한 분야로 공장 및 설비에서 수행되는 물리적인 제품의 제조 및 추가 작업에 지능정보기술이 더해지면서 **스마트**하게 혁신되었다는 점이다. 가끔 4차 산업혁명과 인더스트리 4.0 두 용어들이 혼동되어 사용되지만, 인더스트리 4.0은 제조업의 운영방식이 스마트하게 혁신되는 현상에 국한되는 반면, 4차 산업혁명은 생산방식의 혁명적 변화를 가져올 인더스트리 4.0에 의해 일상생활 전반에 미치는 커다란 변화를 가리킨다. 그러므로 4차 산업혁명이라는 전체적인 산업혁명의 틀에서 인더스트리 4.0은 제조업 부분의 기술 혁신을 일컫는 개념이라고 할 수 있다.[10] 4차 산업혁명과 인더스트리 4.0의 관계에서 볼 수 있듯이, 4차 산업혁명은 여러 분야와의 융합이 주요 특징인 만큼 다각도로 이야기 될 수 있다. 본 연구에서 바라보는 4차 산업혁명은 3차 산업혁명과 공통적으로 기반을 두는 디지털 영역의 분야와 새로운 4차 산업혁명의 신기술 몇 가지에 초점을 맞출 것이다.

3) ATOM과 BIT의 세계

ATOM 산업은 물질 세상, 현실 세상을 나타내며 BIT산업은 데이터bit로 이루어진 사이버 세상을 갈한다. ATOM경제의 핵심은 한정된 공간에서 에너지, 시간, 돈 그리고 노동력이 요구되는 경제적 환경이지만, 반면에 BIT의 세계는 공간이 한정되어 있지 않으며, 무한대 속도의 데이터 처리기능이 더해짐으로써 시간에 구속받지 않는 경제활동이 이루어지고 많은 노동력이나 돈이 요구되지 않는 특징이 있다. 그러나 많은 아날로그적인 ATOM경제에서는 희소성의 가치가 존재하는 반면, BIT의 세계에서는 원본과 복제 사이의 구분이 사라지기 때문에 희소성의 의미가 존재하지 않는다. 제 4차 산업혁명은 이 둘 사이의 경계를 모호하게 만드는데, 4차 산업혁명을 통해 ATOM의 세계와 BIT의 세계가 일치점을 향해 가게 되면서 데이터의 분석을 사용하여 ATOM 현실세상이 변화되어 가며, 이에 따라 맞춤형 서비스가 저렴한 가격으로 가능해지는 시대가 도래 할 것이라고 보고 있다.[11)]

ATOM 산업에 있는 것을 BIT산업으로 연결시키는 것이 사물인터넷이다. 사물인터넷Internet of Things은 우리 주변의 모든 사물이 인터넷에 연결되는 기술을 말한다. 이러한 작은 컴퓨터들이 일상의 사물에 삽입되어 인터넷을 통해 정보를 교환하면서, 우리에게 맞춤 서비스를 제공해줄 수 있을 것이다. 사물인터넷을 정의하는 속성은 네트워크 간의 연동이며 이것은 지리적이고 기술적인 경계를 뛰어넘는 정보의 전달을 의미한다. 4차 산업혁명의 토대가 되는 이 기술들이 실제로 모든 산업의 비즈니스에 엄청난 파급 효과를 가져 올 것이라는 의견에 전문가들은 동의하고 있다.[12)] 그렇다면 4차 산업혁명을 대표로 하는 신기술 몇 가지를 살펴보겠다.

4) 4차 산업혁명의 주요 기술들

빅데이터는 기존의 데이터베이스 관리 도구로는 수집, 저장, 관리, 분석될 수 없는 다양한 센서로부터 수집되는 대용량의 변동 데이터들을 실시간으로 수집, 저장, 관리 분석하는 것이다. 하나의 예로, 빅데이터는 분석적 평가방법을 통해 현재 상태 또는 예상되는 미래의 문제점에 대해 내려야 하는 크고 작은 의사결정에 도움을 줄 수 있다. 실제로 대량의 비정형 데이터로부터 가치를 추출할 수 있는 빅데이터 분석의 필요성이 최근 높아지고 있으며 다양한 영역에서 그 기능이 점점 더 많이 활용되고 있다. 이와 같은 빅데이터 이용의 확산은 데이터 활용 가치의 증대라는 긍정적인 측면이 있지만, 아직까지 데이터 처리와 분석의 많은 부분이 지금보다 더 많은 전문 인력을 필요로 하며 데이터의 확보도 부족한 상황이다.

반면 다양한 종류의 빅데이터의 기능을 사용한 정보의 오남용, 개인정보의 침해 위험, 정보 유출 등과 같은 정보 보호 및 사생활 보호 관련 문제들에 대한 염려가 점점 증가하고 있다. 그러나 4차 산업혁명은 여러 영역에서 새롭게 패러다임의 변화를 가져오기 때문에 우리 사회는 아직 기술 발달 및 사용에 관련된 법적 틀이 마련되어 있지 않다. 이와 같이 관련 법규가 아직 발달단계에 있는 상황에서 지나친 정보보호 규제는 빅데이터 활용 산업의 활성화를 저해할 수 있다는 입장과 앞서 언급된 기술의 남용을 우려하는 입장 사이의 충돌이 존재한다. 따라서 빅데이터 관련 기술에서 **정보 보호**와 **정보 활용**의 균형점을 모색하는 것이 주요 문제가 된다.[13)]

앞서 언급되었듯이 사물인터넷은 우리가 일상생활에서 사용하는 각종 사물에 센서와 통신 기능을 내장하여 인터넷에 연결하는 기술이다. 사물인터넷의 용어와 개념은 인터넷의 발달이 추진 중이었던 1980년대부터 이미 고안되어졌다. 4차 산업혁명은 사람들뿐만 아니라 사람과 사물 그리고 사물들 사이에 네트워크가 연결되는 초연결 사회hyperconnected society에 기반을 두기 때문에 사물인터넷의 기능은 이번 산업혁명의 중심에 있다고 볼 수 있다. 세계적인 IT 리서치 그룹 가트너에 의하면, 전 세계 사물인터넷 수는 2015년 약 49억 개에서 2020년 약 208억 개로 불과 5년 사이에 약 3배 이상으로 늘어날 전망이다. 그리고 2020년이 되면 한 사람당 인터넷에 연결된 개인 소유 사물의 개수가 약 2.7개에 달한다고 말했다.[14)] 예를 들어 사물인터넷은 가정에서 사용되는 전자 기기들이 인터넷으로 하나의 네트워크를 형성해 소비되는 전력량을 조절하여 비용 절감에 도움을 줄 수 있다. 이러한 기술의 발달은 특히 일반인들의 안락함뿐만 아니라 독립적인 생활이 어려운 노년층이나 장애인의 일상생활에 커다란 도움을 줄 수 있을 것이라 예상된다.[15)] 사물인터넷에서 파생되는 관련 기술에는 언제 어디서나 인터넷 접속을 가능하게 하는 유비쿼터스 컴퓨팅ubiquitous computing과 빅데이터 기능을 사용하여 사용자의 필요를 알아서 파악하고 제공하는 엠비언트 컴퓨팅ambient computing이 존재한다.[16)]

또한 4차 산업혁명과 관련해서 인공지능은 수집된 과거의 상황들을 학습하여 미래의 복잡한 의사결정 과정을 더욱 쉽고 빠르게 자동적으로 수행할 수 있는 기능을 일컫는다.[17] 인공지능을 이야기 할 때에 대부분이 영화 속 인간을 향해 반란을 일으키는 수준의 지능을 생각한다. 그러나 아직 인간 뇌의 기본 신경세포들 사이의 의사소통도 제대로 알지 못하는 이 시점에서 인간의 뇌를 대체할 수 있는 수준의 인공지능 발달은 아직은 아득한 미래의 이야기이다. 현재 인공지능의 수준은 기본적으로 주어진 데이터 속 상황들을 통해 스스로 어느 일정 수준의 학습을 통해 결정을 내릴 수 있는, 그러나 아직 인간의 조종이 필수적인 알파고와 같은 수준을 생각해 볼 수 있다. 아직 발달단계에 있지만 4차 산업혁명 내에서 인공지능의 역할은 결코 작지 않다. 인더스트리 4.0의 기반이 되는 스마트 팩토리의 제조 설비나 장치들은 매우 작은 요소까지도 어느 정도 인공지능이 탑재되어야 한다.[18]

5) 3차 산업혁명과 4차 산업혁명의 차이점

일부 학자들와 전문가들은 4차 산업혁명을 제3차 산업혁명의 연장선으로 이해하고 있다. 세계경제포럼 회장인 클라우스 슈밥에 의하면, 3차 산업혁명과 구별되는 4차 산업혁명의 특징에는 3가지가 존재한다. 첫 번째는 4차 산업혁명의 발달 및 전개 속도velocity라고 할 수 있다. 앞선 산업혁명들과는 달리, 제4

차 산업혁명은 선형적 속도가 아닌 기하급수적인 속도로 일어나고 있다. 두 번째로는 범위와 깊이breadth and depth로서, 제4차 산업혁명은 디지털 혁명을 기반으로 다양한 과학기술들과 융합하여 개인을 포함하여 경제, 기업, 사회에 유례없는 패러다임의 전환을 이끌기 때문에 **무엇**을 **어떻게** 변화시키느냐의 문제뿐만 아니라 우리가 **누구**인가에 대해서도 변화를 일으키고 있기 때문이다. 세 번째로는 시스템 충격system impact을 꼽을 수 있다. 제4차 산업혁명은 국가, 기업, 산업 그리고 사회 전체 시스템의 변화를 수반하여 이전의 패러다임으로는 설명되거나 이해될 수 없는 현상들을 만들어내고 있다.[19)]

3차 산업혁명과 4차 산업혁명 사이의 차이점을 설명하기 위해 4차 산업혁명이 가장 먼저 일어나고 있는 제조 분야에서의 변화를 예로 들 수 있다. 3차 산업혁명 제조업의 대표적인 특징은 **대량 맞춤의 시대**[20)] 로예를 들어 BMW 회사는 이미 개발된 다양한 모듈을 사용, 선택하여 사양을 조합한 50만개 정도 유형의 자동차가 시장의 요구에 따라 제조되었고 여전히 이러한 방식으로 대부분의 차종을 제조하고 있다. 즉, 3차 산업내의 제조업은 고객의 개별화된 디자인을 수용하지는 않는다. 따라서 개인 맞춤형 제조 형태의 제작은 기존의 3차 산업의 대량 생산 방식으로는 불가능하다고 볼 수 있다. 이와 대조적으로, 4차 산업혁명에서는 개인의 요구에 맞추어진 물건들을 대량으로 생산할 수 있다. 맞춤형 제조personalized product는 기존에 존재하는 모듈에서 개인별로 원하는 디자인이 추가로 반영되는 것을 중심으로 생산한다. 1차 산업혁명까지 주요 제조 방식이었던 가내수공업 형태의 제조 방식은 작업자가 매우 숙련되지 않으면 제품의 품질이 일정치 않았으며 작업자의 숙련도에 대한 보상으로서 많은 비용이 소요되었다. 이에 반해 인더스트리 4.0에서 추구하는 개인 맞춤형 제조는 최첨단 기술의 사용으로 일정 수준의 품질이 유지되며 가격도 장기적으로는 대량 생산 가격 수준으로 측정할 수 있다는 장점이 있다. 이에 대한 예로 아디다스는 개인의 체형에 맞는 운동화를 3D 프린터를 사용하여 5시간 안에 생산해내는 제조방식을 이미 도입하기 시작하였다. 이러한 인더스트리 4.0이 추진하는 공장 내부의 설비 및 기계들은 네트워크로 연결된 상태에서 분권화decentralization되고 자율화autonomous된 형태로 작동되는 것이 주요 특징이다.

2. 정신분석학적 이론

1) 프로이트 이론

환상

프로이트는 환상의 기본 기능은 욕망과 만족 사이의 공백을 채우는 것이라고 하였다. 그는 초기에 이 공백은 유아가 자신의 욕망을 언제나 항상 만족시킬 만큼 전능하다는 전능 환상 omnipotent phantasy에 의해, 가끔은 환각hallucination에 의해 채워진다고 보았다. 그러나 유아는 어떤 시점부터 전능성이 그의 욕구를 만족시키지 않는다는 사실을 발견하고, 욕망과 만족 사이의 공백을 채우기 위해 또 다른 방법을 사용하게 된다. 전능 환상은 지각을 통해 검증될 수 있고 활동을 통해서도 검증될 수 있다. 예를 들어, 배고플 때 울거나, 화가 날 때 물거나, 미소로 관심과 사랑을 유도하는 등의 행동이 **현실 검증**reality testing이라고 할 수 있다. 이러한 검증을 통해 유아는 자신의 전능성이 욕구를 만족시키지 못한다는 사실을 발견하고, 현실의 모습이 형성되어야만 한다는 것을 깨닫는다.

이 시점에서, 쾌락-고통 원리pleasure-pain principle는 현실원리 reality principle에 지배되며 이러한 정상적 발달은 대상에 대한 현실적인 심상을 만들어내고, 최상의 만족을 얻기 위해 유아는 대상과의 관계에서 합리적이고 적절한 행동을 찾아간다. 현실 원리의 영향 아래 사고thought가 발전하게 되는데 프로이트에 의하면 사고란 외적 현실을 실험하는 **실험적 행동**이다. 이러한 **실험적 행동**은 언어의 발달 이전에 환상 안에서 원초적인 형태로 이미 존재하고 있다. 전능 환상이 깨지면서 등장하는 유아의 합리적인 행동은 현실 인식을 반영한다. 이러한 이행transition의 실패는, 유아를 쾌락-고통 원리의 영향 아래 노출시키며 이런 경우, 환상이 전능적이라는 왜곡에 의해 욕망은 망상으로 대체된다. 결과적으로 유아는 외적 세계에 있는 대상들이 항상 동일한 방식으로 지각되는 자신의 투사에 기초한 세상을 창조한다. 그것들은 현실과의 상호작용에 의해 조정되지 않기 때문에 경직되고 반복적이며 프로이트는 이것을 반복강박repetitive compulsion이라고 불렀다.[21)]

2) 멜라니 클라인의 이론

무의식적 환상과 내적대상

클라인은 환상에 대한 정신분석적 이론을 강화함으로써 프로이트의 이론을 확장한 대표적인 정신분석 이론가이다. 그녀는 기존의 환상을 의미하는 fantasy라는 단어를 phantasy로 바꿈으로써 의식적 및 전의식적 환상fantasy의 의미가 아닌 개인의 무의식적 환상phantasy을 의미하고자 하였다.[22)] 용어를 새로 정립할 만큼 클라인이 무의식적 환상을 강조한 이유는, 그녀가 유아의 내면, 유아와 엄마 사이, 유아와 외부 세상 사이 그리고 외부 세상에 있는 모든 대상들 사이의 모든 내적 교류들이 무의식적 환상들로 표현된다고 보았기 때문이다.[23] 클라인은 프로이트와 같이 유아는 초기에 완벽한 보살핌을 통해 자신의 본능적 욕구들을 충족시켜주는 전능감을 무의식적 환상phantas안에서 발달시킨다고 믿었다. 그녀는 앞서 언급된 전능적 환상과 현실의 수용 사이의 투쟁이 태어날 때부터 존재한다고 주장했다. 클라인에 따르면, 이러한 투쟁에서 현실검증 능력을 발달시킨다면, 유아는 그의 엄마를 실제, 전체, 그리고 외부 대상으로 인식하게 되고 동시에 대상을 향한 자신의 양가감정의 현실을 인식하게 된다고 보았다. 그러므로 환상은 현실 경험에 의해 수정되고 전능성은 줄어듦으로써 유아는 현실 지각을 왜곡하지 않으며 스스로의 행동들 또한 더 잘 ***지도할*** 수 있게 된다.

그러나 유아가 무의식적 환상세계 속에서 계속적으로 전능감을 사용하고, 과도한 투사적 동일시를 통해 자신의 부분parts of the self들 혹은 왜곡된 내적 대상internal objects들을 외부 대상들external objects에 투사하게 되면, 유아의 환상들과 공포들은 외부 경험, 현실에 의해 수정되는 과정을 거치지 못하게 되어 외부와의 소통 없이 고립되어 기괴하게 변해갈 수 있다. 또한 환상 속의 왜곡된 부분들을 계속적으로 투사하기 때문에 유아는 현실을 풍요롭게 경험할 수조차 없게 된다. 클라인의 분석가였던 아브라함은 사람들이 대상들을 받아들이기도 하고 몰아내기도 하는 내적 세계를 가지고 있다고 말했다. 그는 이 내적 공간 안에 내재화 과정은 우리의 정체성 형성에 큰 영향을 끼친다고 하였다. 클라인은 수정 과정을 거치지 않은 이러한 환상들과 공포들을 유아가 굳이 내재화하는 이유는 이러한 공포심을 안전하게 가두어둘 수 있는 장소는 자신의 신체 내부라고 판단하기 때문이다. 결국 자신의 것으로 받아들이기 힘든 부모의 부정적인 측면이 내사되고 유아는 이러한 나쁜 내적 대상과 스스로를 동일시하게 된다. 그러므로 어린 시절 대상과의 경험을 내재화하는 것이 개개인에게 매우 중요하며 이것은 성인기의 관계에도 큰 영향을 끼친다. 실제로 클라인은 환자들의 공포와 불안은 대부분 일반적인 발달과정에서 수정되지 않은 환상과 공포에서 유래된다고 보았다.[24)]

클라인은 아동의 삶은 부모의 성에 대한 무의식적 환상과 의식적 환상에 의해 지배된다고 보았다. 구강기에 부모들은 독립적 대상으로 존재하지 않고 부분대상(i.e., 아버지의 페니스와 어머니의 젖가슴)들로 존재하는데, 이 대상들은 본능적 충동의 대상일 뿐만 아니라 의존의 대상으로써 사랑하고 미워하는 심리적인 대상이다. 아이들은 구강기와 항문기에 이러한 부분대상들에 대한 욕구를 가지게 된다. 성인 안에서 억압된 유아를 보았던 프로이트와 달리, 클라인은 수많은 아동 임상을 통해 유아기에 이미 억압된 유아를 발견하였으며 이러한 아이는 억압된 구강기적 부분대상과의 무의식적 관계에 의해 지배당한다고 주장하였다. 후기 구강기에 찾아오는 오이디푸스 상황에 의해 만들어지는 좌절, 질투, 시기심은 부모의 부분 대상을 향한 가학적 공격 충동과 (아이의 초자아에 존재하는 가학적 부모에 의한) 그에 따른 처벌에 대한 박해 불안을 야기한다. 이러한 불안에 대한 공격성이 더욱 자극되고 그에 따른 처벌에 대한 불안이 증폭되는 식의 순환이 계속될 때 유아는 편집 불안에 시달리게 된다. 이러한 불안으로부터 자신을 방어하기 위해 유아는 내적 박해자와 자신의 가학적 부분을 활발한 투사와 내사 과정을 통해 자신으로부터 분리한다.[25]

건강한 발달에서 아이들은 외부 세계에서 경험되는 불쾌한 자극들을 환상속의 대상에게 투사하여 대상을 훼손한다. 그러나 유아는 곧 이러한 나쁜 대상에 의한 보복의 가능성에 불안해 한다. 그리고 이러한 불안에 대응하기 위하여 환상 속에서 파괴했던 어머니의 몸을 복구하고 어머니에게 쏟았던 관심을 주변 세계로 옮김으로써 외부 세계에 흥미를 갖기 시작한다.[26] 유아의 환상 속에서 엄마의 신체는 풍요로움 그 자체이며 이것이 유아의 욕구를 충족시키는 동시에 역설적이게도 이러한 풍요로움은 유아에게 작고, 무력하며 의존적인 자신을 상기시켜준다. 프로이트의 죽음 본능 개념을 받아들인 클라인은 출생의 순간부터 감당하기 어려운 외부 자극으로 인해 유아는 그것에 대한 반응으로 생애 초기부터 죽음을 향하는 경향성을 보인다고 주장했다. 이러한 죽음 본능이 엄마의 불규칙한 돌봄과 맞물리게 되면 무언가를 취할 수 있을 때 그것을 취하지 않으면 굶게 될 것이라는 유아의 불안을 자극하여 끝없이 무엇인가를 요구하고 게걸스럽게 취하는 유아의 무의식적 환상으로 이어진다. 이런 경우 유아는 풍요로운 젖가슴이 돌봄에 실패할 때 엄마의 젖가슴을 비워내고 훼손한 채로 내버려 둔다. 결국 유아의 무의식적 환상 속에서 텅 비어있고 훼손된 젖가슴의 내재화는 유아로 하여금 자신과 텅 빈 젖가슴을 동일시하게 한다. 이러한 동일시로 인해 유아의 채울 수 없는 황폐함은 끝없이 요구하는 내재화된 초자아에 의해 박해를 받는 환상을 가지게 된다.[27)]

두 자리 이론: 편집-분열적 자리와 우울적 자리

클라인이 발달의 개념을 성립할 때 국면phase이나 단계stage 같이 시간적 순서를 따르는 개념보다도 **자리**position 용어를 사용한 것은 편집-분열적 자리와 우울적 자리 사이의 끊임없는 변동을 통해 유아가 이전과는 다른 관점에서 대상들과 관계를 맺는다는 구조적 측면을 보여주기 위함이다. 이러한 심리구조에서의 유동성은 주체와 대상 사이의 상호작용에서 발생하는 변동에 따라 주체가 기존에 사용했던 기제를 다시 사용한다고 해서 그것이 이전의 자리로의 퇴행이 아님을 나타낸다. 클라인은 발달적 관점에서 유아는 박해불안(대상에 대한 증오가 우세할 때)과 우울불안(대상에 대한 사랑이 우세할 때) 사이를 끊임없이 오고 간다고 주장했다. 이 두 가지 불안 사이를 오고 가는 것이 문제가 아니라, 오히려 한 지점에 고착되는 것이 신경증이나 더욱 심하게는 정신병의 원인이라고 클라인은 보았다.[28)]

(1) 편집-분열적 자리

클라인의 편집-분열적 자리라는 용어는 페어베언의 ***분열적 자리***는 원초적인 자아의 최초의 분열 상태를 가리키기 위한 용어에서 비롯되었다. 클라인은 유아의 초기 대상관계를 ***편집적 자리***라고 불렀으나 이 단계에서 분열과 박해불안이 공존한다는 부분을 강조하기 위해 ***편집-분열***이라는 개념을 사용하였다. 이러한 클라인의 이론을 뒷받침하는 데 있어서 구강기 초기에는 공격적인 충동이 존재하지 않는다는 아브라함의 주장과는 대비되기 때문에 프로이트의 생명본능과 죽음본능의 개념이 이론적 틀로 사용되었다.

프로이트의 이론이 기본적으로 사용되었음에도 불구하고 클라인은 프로이트와 두 가지 면에서 이론적 차이를 보였다. 첫 번째로 초기 자아에 대한 견해에서, 프로이트는 초기 자아를 심리적인 실체로 바라보지 않았기 때문에 유기체라는 생물학적 용어를 사용한 반면, 클라인은 탄생부터 불안을 경험할 수 있으며 방어기제(죽음본능을 대상에게 투사하는 방어기제)를 사용할 수 있는 유아는 충분히 심리적인 실체로 바라볼 수 있다는 입장이었다. 두 번째로 불안에 대한 견해에서 프로이트는 죽음에 대한 두려움은 거세불안의 파생물로 봄으로써 죽음본능과 불안 사이의 연결을 보지 않았으나, 클라인에게 있어서 죽음본능은 오히려 자아 멸절의 두려움을 불러일으키는 것이며 이러한 원초적 공포가 죽음본능의 투사로 이어진다고 설명하였다.

최초의 약하고 통합되지 않은 자아는 불안에 맞닥뜨렸을 때 쉽게 파편화되고 해체될 수 있다. 여기서의 가장 큰 불안은 죽음본능에 의해 내부 환상에서 외부대상에게 투사된 박해적 특성인 박해자들이 유아 자신의 자아와 이상적인 대상(생명본능에 의해 자신의 내부에서 투사된 이상적인 부분)을 파괴하지 않을까하는 불안감이다. 이러한 분열적 투쟁에서, 나쁜 대상들(박해자들)이 멸절되지 않고 자아를 위협한다는 느낌에 압도되면, 유아는 유아가 느끼는 좌절(배고픔)들을 박해로 경험하게 된다.

투사적 동일시는 유아가 자신의 좋거나 나쁜 부분들을 대상에게 투사할 뿐만 아니라 투사된 특징들과 그 대상 자체를 동일시함으로써 성취된다. 때로는 부분들뿐만 아니라 유아는 자신의 전체를 대상 안으로 (예를 들어, 어머니의 비어있는 자궁 안으로) 투사할 수가 있는데, 이러한 환상들은 자신의 불편한 부분을 제거하거나, 대상을 차지하고 좋은 부분을 취하기 위해, 대상을 조종하기 위해 혹은 대상을 이상화함으로써 내적 갈등을 피하기 위해 이루어진다. 이러한 투사적 동일시의 일부분으로써 투사된 대상을 다시 내면화하는 과정을 통해 유아는 자기애적인 대상과의 관계와 자기애적인 자신의 내적 구조를 형성해간다.[29]

편집 분열적 자리에서 나타나는 공격성과 편집증의 상태에서 심리발달의 단계를 성공적으로 겪은 유아는 다음 단계인 우울적 자리에서 오는 또 다른 종류의 불안에 대응할 수 있는 충분한 내적 안정감을 갖게 된다. 그러나 불행히도 편집-분열적 자리에서 유아 자신의 내부 환상(자신의 공격성과 불안)에서 외부 대상에게로 투사되어 형성된 박해자들로부터의 공격에 대한 지나친 불안에 압도된다면, 유아는 우울적 자리에 도달하여 대상과의 좀 더 통합된 관계적 발달 단계에 들어설 수 없게 된다. 이러한 초기의 해소되지 못한 불안들과(편집적 불안) 분열성 특징들은 나중에 정신병의 초석이 된다.[30)]

이 모든 과정은 심리발달 단계의 일부분이며 가장 중요한 첫 단계이다. 유아는 편집-분열적 자리에서 내사와 분열을 통해 어머니로부터의 분리에 대한 두려움을 극복하고 좋고 나쁨의 개념을 배우게 되며, 더 나아가 투사적 동일시를 사용함으로써 외부 세계와 처음으로 관계를 맺게 된다.[31)]

(2) 우울적 자리

아동의 내적 불안, 공격성을 초자아의 기능으로 이해했던 고전적 정신분석학과는 달리, 클라인은 이 불안을 대상 관계적 관점으로 이해하였다. 그녀의 이론에 따르면, 유아는 생후 6개월경에 유아의 내적 환상 속에서 투사된 대상이 자신의 공격성에 대한 처벌로 자신을 처벌 할 것이라는 편집-분열적 자리에서의 불안에서 벗어나 유아 자신이 사랑하는 대상을 손상시킬지 모른다는 불안감과 대상에 대한 사랑과 맞물려 죄책감으로 발달하는 우울적 자리라는 발달 단계를 거친다고 설명했다. 자신의 존재에 대한 걱정과 염려(박해불안)만이 존재하며, 환상 속에서 현실성이 가미되지 않은 (부분)대상만이 존재하던 편집-분열적 자리와는 달리, 우울적 자리에서 유아는 대상에 대한 염려(자신의 공격성으로 인해 입었을 손상에 대한)와 회복충동(손상을 입은 대상을 회복시키고자 하는 충동)등을 발달, 성취하고, 대상에 대한 현실성을 받아들임으로써 좋은 대상을 내재화함과 동시에, 대상을 독립적이며 전체적인 인물로 인식함으로써 대상과의 관계를 한 단계 발전시켜나간다.

이러한 과정에서 대상에게 자신이 손상을 입혔다는 죄책감에 유아가 압도되어 편집-분열적 자리로 퇴행하지 않도록 하는 것은 중요한 숙제이다. 또한, 잃어버린 전능감과 융합되어 있던 엄마의 (부분적) 존재에 대한 상실감과 미움으로 인해 겪는 고통과 좋은 대상을 잃어버렸다는 공포에 압도되지 않는 것도 중요하다. 이러한 감정에 압도되지 않기 위해서는, 어머니가 **좋은** 대상으로서 항상 거기에 있다는 느낌을 주는 것이 필수적이다. 그러한 어머니의 존재를 통해, 유아는 현실검증을 계속해서 할 수 있게 되고, 이러한 현실검증을 통한 외부대상의 내재화는 더욱 활발해질 것이며, 결과적으로 내재화된 좋은 내적 대상은 더욱 확고하게 자리 잡게 될 것이다. 유아는 성공적으로 상실된 **좋은** 어머니를 내재화함으로써, 그리고 좋은 내적 대상을 회복시킴으로써 성공적으로 애도과정을 성취할 수 있게 된다. 클라인에 의하면, 성공적인 애도는 우리의 내부에 좋은 내적 대상들이 풍부해지도록 이끌며, 그로 인해 풍부해진 자아는 승화와 창조력의 주요 원천이 된다고 하였다. 이러한 도움은 계속에서 제공되어야 하고, 이러한 도움이 지속적으로 제공되지 않을 경우, 유아의 내적 세계는 황폐해지고 희망이 사라져서 좋은 대상의 내재화의 실패로 이어질 수 있다.[32)]

그러므로 발달과정이 성공적으로 이루어지기 위해서는 다음과 같은 조건이 전제된다. 먼저, 유아 자신이 선하다는 느낌이 충분하게 들어야 한다. 여러 가지 나쁜 충동들의 공격으로부터 살아남기 위해서는 좋은 외부 세계를 내사함으로써 자신의 선함이 내부적으로 성립되어야 하며, 내사 과정에서 앞서 말한 대로 계속적인 대상의 도움과 함께 대상을 향한 사랑의 감정을 활성화할 수 있는 능력 또한 필요하다. 이러한 조건이 받쳐주지 않는다면 유아는 우울적 자리에서 겪게 되는 죄책감의 고통을 피하기 위해 두 가지 방어를 주로 펼치게 된다.

첫째, 편집적 방어에서는 대상에 대한 죄책감이 과도한 고통으로 다가올 때, 이 죄책감이 가혹한 처벌에 시달리는 유아 자신에 대한 걱정과 염려로 변형된다. 이런 경우, 타인을 향한 끝없는 편집증적 비난과 불평을 호소할 수 있다. 이처럼 초기보다 더욱 심한 박해적 공포와 함께, 대상의 분열은 다시 시작된다. 둘째, 조적 방어에서 유아는 갑자기 사랑하는 대상을 더 이상 중요하게 생각하지 않는다. 이러한 대상의 중요성에 대한 부인은 그러한 대상을 통제할 수 있다는 환상속의 전능감과 승리감으로 이어진다.[33)]

후기 클라인학파: 스타이너의 정신적 은신처

후기 클라인학파인 스타이너는 환자가 편집-분열적 자리와 우울적 자리 사이의 변동적 발달 과정 중에, 이 두 자리가 유발하는 견딜 수 없는 불안으로부터 보호와 안전감을 스스로 얻기 위해 두 자리 사이 경계에 위치한 **심리적 은신처**로 철수한다고 하였다. 일시적인 철수는 개인을 압도적인 심리적 위협으로부터 보호해주지만, 습관적이고 과도한 심리적 은신처로의 철수는 개인을 외부로부터 고립시키고 발달의 침체를 야기한다. 두 자리 중 하나에서 기인한 심리적 은신처의 남용은 현실과의 접촉을 차단하며 완강한 방어들에 의해 특징지어지는 병리적 인격 조직의 형성을 초래한다. 편집-분열적 자리에서 원시적 방어기제인 투사적 동일시의 사용을 주축으로 하는 병리적 인격 조직은 내부에서 박해 불안을 증폭시키고, 이것은 결과적으로 병리적 인격 조직을 강화시키는 악순환의 고리를 만들어낸다.

때때로 이러한 심리적 은신처에 고립된 개인은 현실과의 최소로 필요한의 정도의 접촉을 유지함으로써 정상처럼 보이는 **거짓 수용**psudo-acceptance의 유혹에 빠질 수 있다. 오직, 다른 심리적 기제의 도움에서 진실 된 안정감을 경험할 때에만 환자는 거짓 수용의 매혹을 거부하고 은신처에서 나올 수 있게 된다. 그러나 이러한 과정은 오랜 시간이 걸리며, 환자가 그 어떤 분석가의 시도에도 민감하게 반응하여 언제 다시 은신처로 철수

할지 모르기 때문에 분석가는 겉으로 보기에 진전 없어 보이는 분석적 관계를 인내할 수 있어야 한다.[34)]

2) 도날드 위니캇의 이론

초기 정서발달

위니캇은 부모-유아 관계에 대한 이론의 절반이 절대적 의존기에서 상대적 의존기를 거쳐 독립을 향한 여정에 대한 것이라고 하였다. 그는 생의 초기에 유아는 자기-타자 구분이 안 되는 취약한 시기이기 때문에 안아주는 환경의 돌봄을 받아야 한다고 말했다. 그는 좋은 환경은 당연하게 느껴질 것이며, 오직 환경이 실패할 때 유아의 방어 반응을 불러일으키고 여기서 병리가 발달한다고 보았다.[35)] 위니캇은 또한 유아는 절대적 의존기에 모성적 돌봄을 통제할 수 없기 때문에 그것에 의해 이익을 얻거나 방해를 받는다고 하였다.[36)] 절대적 의존기의 출생 전후 몇 주 동안 엄마는 특수한 심리적 상태에 참여하는데 이것을 위니캇은 일차적 모성 몰두라고 하였다. 이 상태에서 엄마의 민감성이 거의 병적인 상태로 강화될 수 있지만, 이것이 엄마로 하여금 유아에게 완벽하게 엄마의 역할을 할 수 있는 특별한 능력을 제공한다. 그러나 이와 같은 엄마와 유아의 융합은 유아가 상대적 의존기로 넘어가게 되면서 엄마로부터 독립하기 위해 점진적으로 좌절할 필요가 있다. 만일, 적절한 시기에 점차적으로 융합이 깨지지 않는다면, 이것은 우아에게 침범으로 경험될 것이고 병리의 근원이 될 수 있다.[37)]

위니캇의 유명한 구절인 ***아기란 없다***라는 말은 아기는 오직 관계라는 맥락에서만 존재한다는 뜻이다. 위니캇은 아이들의 내적 세계에 영향을 주고 알리는, 엄마의 역할이 가지는 능력이라는 점에서 엄마의 역할이 중요하다고 주장한다. 그 중에서 안아주기는 아주 초기에 경험되는 사랑의 한 형태로서 육체적 안아주기를 포함하여 유아가 다른 사람들과 관계를 맺는 독립된 사람이 되기 이전의 유아에게 필요한 전체적인 환경을 제공해 주는 것이다. 즉, ***태아기 상태의 특성을 가지고 있는 생리적인 제공***에서 출발하여 심리적인 의미에서 자아-지원을 제공하는 것이다. 겉으로 보기에 생리적인 것으로 보이는 이 과정은 유아에게 속해 있는 복잡한 심리 분야에서 일어나는 것으로 엄마의 지각과 공감에 의해 결정된다. 유아는 통합되지 않은 잠재력의 상태로 태어나지만 통합의 성립과 자아-관계성 발달은 둘 다 충분히 좋은 안아주기에 달려 있다.

위니캇은 두 가지 종류의 의사소통을 다룬다. 하나는 개인이 의사소통의 형태를 즐기는 것이고 다른 하나는 개인이 비의사소통을 통해 진정으로 고립된 자기, 즉 자아의 핵을 갖게 되는 것이라고 하였다. 의사소통이 병리적인 경우에는 분열된 한쪽인 거짓자기를 주체로 사용하여 의사소통함으로써 객관적 대상을 창조해내지 못하고, 의사소통의 생생함도 결여되어 있기 때문에 자아 핵의 강화로 이어지지 않는다. 만일, 유아가 힘이 있다면 거짓자기를 통해 의사소통하는 대신에, 참자기가 활성화되어 침묵함으로써 그 의사소통에 참여하고 싶지 않은 의사를 밝힐 수 있다. 위니캇은 이것이 단순히 그저 의사소통하지 않는 것이 아니라, 적극적으로 주관적인 대상과 생생한 의사소통을 하고자 하는 회복을 향한 노력이라고 보았다.[38)]

위니캇은 프로이트(절대로 의식될 수 없는 무의식)와 클라인(**내부의** 경험들)을 인용하면서, 각 사람의 중심에는 세상과 의사소통되지 않는 부분이 존재하며, 이것은 신성한 요소로서 철저히 보호되어야 한다고 주장하였다.[39)] 위니캇은 개인의 자아의 핵 깊숙이 이러한 요소가 존재한다고 보았고, 이것이야말로 자아의 핵 중에서도 핵이라고 본 것 같다. 그리고 이 초기 자아가 형성되는 과정에서 엄마의 돌봄은 침묵 속에서 이루어져야 한다고 그는 주장하였다. 이러한 자아의 부분은 자신조차 다 알 수 없는 부분이기 때문에 타인이 함부로 침범해서는 안 되는 영역이라고 하였는데, 이러한 이론 또한 그대로 임상 상황으로 적용될 수 있다. 위니캇은 이러한 영역의 침범에 대한 두려움 때문에 사람들이 정신분석을 두려워한다고 하였다. 특히 청소년들은 이러한 자아의 핵이 취약한 시기이므로 이러한 침범을 꺼리기 때문에 분석에 참여하지 않는다고 보았다. 그렇기 때문에 분석가는 환자의 개인적인 고립을 존중하고 보호해줌으로써 스스로가 환자에게 주관적 대상이 아닌 객관적 대상으로 사용될 수 있어야 한다고 했다. 이러한 과정을 통해 또한 분석가는 그것이 어떠한 형태이든지 환자의 참자기와 의사소통함으로써 분석의 생생함을 성립할 수 있다. 이러한 치료 과정을 통해 환자는 고요한 상태에서도 생생하고 활발하게 타인과 의사소통하는 살아있는 존재로서의 자기를 확립할 수 있게 되는 것이다.[40)]

어머니가 유아의 욕구에 충분히 좋은 적응을 제공하는 경우, 유아는 자신의 삶의 흐름 즉, 존재의 연속성은 침범에 대한 반동에 의해 방해받지 않는다. 만일, 유아의 존재의 연속성이 외부의 과도한 침범으로 반응이 아닌 반등을 야기한다면, 점진적 좌절 대신에 존재의 멸절 수준의 불안에 위협을 느낀다. 자아 확립의 기초는 침범에 대한 반동에 의해 단절되지 않은 **존재의 연속성**을 충분히 확립하는 것이다. 초기 관계에서 엄마의 돌봄 실패는 결국 유아의 자기-존재에 대한 위협으로 경험된다. 자신의 존재가 보호되는 안아주는 환경에서 유아는 자신이 존재하는 시간과 공간에 대한 연속성 또한 점차적으로 발달해나가면서 자기만의 **시공간**을 창조한다.[41)]

위니캇은 유아가 자기-타자의 인식을 발달하기 전에 **일차적 홀로 있음**이 있다고 말했다. 그는 절대적 의존기에 일어나는 홀로 있음에서 엄마의 일차적 모성 몰두가 충족이 되면, 아기는 오히려 자신의 엄마가 자신의 삶을 유지시켜주는 것을 감지하지 못한다고 했다. 그것은 바로 엄마와의 연결이 그만큼 깊고 완전하기 때문에 유아가 연결의 존재조차 감지하지 못한다고 위니캇은 말했다. 역설적이게도, 위니캇은 엄마와 유아의 이와 같이 전적인 융합 상태, 가장 친밀한 접촉 안에서도 접촉의 부재가 있다고 주장하였다. 그는 유아가 좋은 돌봄을 받는다면 완전한 연결 가운데서도 영원한 그리고 절대적인 고립을 유지한다고 하였다. 그리고 그러한 절대적인 고립이 우리에게 필요하다고 보았다.[42)]

홀로 있을 수 있는 능력

위니캇은 홀로 있을 수 있는 능력의 중요성을 강조할 때에 이것이 정서적 발달에서 가장 중요한 성숙의 지표 중에 하나이며, 정신분석은 홀로 있는 것에 대한 두려움이나 홀로 있고 싶은 소망에 대해서는 이야기하였으나 발달 단계에서의 성취로 그 필요성에 대해서는 충분한 고찰이 이루어지지 않았다고 말했다. 그는 홀로 있을 수 있는 능력이 임상에서 침묵 단계 또는 침묵하는 회기에서 드러나며 이때의 침묵은 저항의 증거가 아니라 환자의 성취로 해석되어야 한다고 말했다. 그는 오이디푸스 단계에서의 세 몸 관계나 엄마와 유아 사이의 두 몸 관계 전인 아주 초기에는 아기 혼자 존재하는 한 몸 관계가 존재한다고 하였다.

위니캇은 그가 홀로 있을 수 있는 능력에 대해 이야기 할 때에, 글자 그대로 혼자 있는 것에 대해 이야기를 하는 것이 아니라고 말한다. 그는 개인이 독방에 있어도 홀로 있을 수 없을 수 있다고 말한다. 그는 많은 사람들이 아동기에 고독을 즐길 수 있게 된다고 하면서, 고독은 가장 소중한 소유물로써 평가를 할 수 있다고 한다. 그는 홀로 있을 수 있는 능력은 세 몸three-body

관계의 성립 후에 나타나는 매우 정교한 현상이거나 초기 삶에서 일어나는 현상일 수 있으며, 이것이 정교한 홀로 있음의 근본이 되는 현상이기 때문에 특별 관심이 필요한 중요한 현상이라고 주장한다.

위니캇은 홀로 있을 수 있는 능력이란, 초기 유아기에 엄마의 현존 속에서 아이가 홀로 있는 경험을 하는 것이라고 말했다. 이러한 관계에서 엄마는 순간적이라도 유아가 엄마를 의지할 수 있도록 현존해야 한다. 자아-관계성은 원본능-관계id-relationship와 대조된다, 원본능-관계는 자아 생명이라고 불리는 계속해서 일어나는 복잡한 상태들이다. 자아-관계성은 두 사람의 사이에서 둘 중에 어느 한 쪽이, 아니면 어쩌면 둘 다 혼자 있으면서도 서로의 현존이 서로에게 중요한 관계임을 나타낸다. 위니캇은 사랑이 이드-관계의 문제라면 자아-관계성은 좋아하는 것의 문제라고 하였다.

그는 이러한 능력이 그저 엄마-유아 관계에서만 발견되는 것이 아니라 성교 후에 홀로 있으며 그 상태에 만족할 수 있는 것과도 같다고 하였다. 타인과 함께 있으면서 홀로 있음을 즐길 수 있는 것이 건강한 경험 그 자체라고 하였다. 이드-긴장의 부족이 불안을 만들어낼 수 있으나 인격의 시간적 통합은 이드-긴장이 자연스럽게 다시 돌아올 때까지 기다릴 수 있으며, 그 동안에 **철수**의 특성에서 비교적 자유로운 고독을 공유하는 것을 즐길 수 있다.

위니캇은 클라인의 이론을 차용하여, 홀로 있을 수 있는 능력은 개인의 정신 현실에서 좋은 대상의 존재에 달려있다고 하였다. 개인의 좋은 내적 대상은 현재와 미래에 대해 자신감을 가질 수 있게 하며, 이 좋은 내적 대상들과의 관계에 대한 신뢰는 삶의 풍성함을 제공함으로써 외적 대상이나 자극의 부재 속에서도 일시적으로 만족할 수 있도록 해준다. 성숙과 홀로 있을 수 있는 능력은 충분히 좋은 엄마를 통해 호의적인 환경에 대한 신뢰를 쌓을 기회가 있었다는 것을 의미하며, 이러한 신뢰는 만족스러운 본능 충족이 반복되었을 때 가능하다. 이것은 분명 오이디푸스 콤플렉스 시기 이전의 시기를 말하고 있다. 이러한 발달의 과정이 일어날 때에는, 외부와 내부의 차이가 분별이 되는 시점 또는 내적 환상의 중요성이 존재하는 시기이어야 하기 때문에 개인이 하나의 독립된 단위로 통합되었다는 것이 가정되어야한다. 부정적으로 말하자면, 박해 불안에서 어느 정도는 자유로운 단계에 이러한 발달 과정이 가능하다고 말할 수 있다. 좋은 내적 대상들이 개인의 내부 세계에 자리 잡았으며 적당한 시점에서 투사의 사용이 가능한 시기이다.

그렇다면, 정교하지 못한 홀로 있음은 어떠한 형태일까? 다른 이의 현존에서 홀로 있는 초기의 경험을 기반으로 우리는 좀 더 정교하고 세련된 형태로 홀로 있는 능력을 발휘하게 된다. 이러한 초기 시점에서 엄마의 자아 지원은 유아의 미성숙한 자아와 자연스럽게 균형을 맞춘다. 시간이 지남에 따라, 유아는 엄마의 자아 지원을 내사하고, 엄마와의 관계나 엄마의 상징과의 빈번한 접촉 없이도 홀로 있을 수 있게 되는 것이다.

나는 혼자다(I am alone)라는 표현에서 **나**(I)는 정서적 성장을 의미한다. 개인은 하나의 독립된 단위로서 성립이 되며, 통합이 중요하다. 외적 세계는 거부되었고 내적 세계가 가능해졌다. 자아 핵의 조직으로서 인격에 대한 지형학적 진술이다. **나는 이다**(I am)라는 표현은 개인의 성장 단계를 나타낸다. 이러한 표현에 의하면 개인은 형태를 가졌을 뿐만 아니라, 생명 또한 가지고 있다. **나는 이다**의 초기에 개인은 날 것이고 방어되지 않은, 취약하고 잠재적으로 편집적인 상태에 놓여있다. 개인이 **나는 이다**의 단계를 성취할 수 있는 이유는 유아와의 동일시를 통해 유아에게 그리고 유아의 자아 요구에 집중하고 있는 엄마라는 보호해주는 환경이 존재하기 때문이다.

그 후에는 **나는 혼자다**라는 표현이 존재한다. 유아의 엄마의 계속된 존재 부분에 대한 인정을 포함한다. **나는 혼자다**라는 것은 **나는 이다**에서의 발달이며 이것은 일관성 있는 존재로써 신뢰할만한 엄마에 대한 유아의 인식이 유아로 하여금 혼자 있을 수 있도록 그리고 제한된 시간동안 혼자 있는 것을 가능하게 해주기 때문이다. 결국 홀로 있을 수 있는 능력은 초기에 엄마가 곁에 있으면서 홀로 있었던 유아의 경험에 기초해 있는 것이다.

따라서 홀로 있음에 대한 모순은 홀로 있을 수 있는 능력은 타인의 관심과 사랑을 통해 가능하며, 그 타인의 현존 속에 가능하다는 것이다. 자아-관계성은 유아와 엄마 관계의 성질을 가리키며 이것은 전이의 모체가 될 수 있다. 원본능 충동은 약한 자아를 파괴하거나 강한 자아를 강화시키기 때문에 자아의 삶에 담겨 있을 때에만 의미를 갖는다. 결국 원본능 관계는 자아 관계성의 틀에서 발생할 때에 자아의 강화로 이어질 수 있다. 유아는 홀로 있을 때만 자신의 개인적 삶을 발견할 수 있다. 그렇지 못할 때 나타나는 병리적인 현상은 외적 자극에 대한 반응 위에 세워진 거짓 삶이다. 여기서 위니캇은 유아의 홀로 있는 상태를 성인의 쉼과 같은 상태라고 묘사하였다, 그것은 바로 통합되지 않은 채로 있을 수 있으며, 빈둥댈 수 있고, 아무런 방향 인식도 없는 상태로 편히 있을 수 있는 상태이다. 또한 외적인 침범에 대해 반응할 필요도 없고 흥미나 운동 지향적인 활동과 상관없이 잠시 동안 그냥 존재할 수 있는 상태이다.

이렇게 진정으로 홀로 있을 수 있을 때에야 비로소 원본능 경험을 할 수 있다. 이러한 점에서 쉰다는 것은 원본능 경험을 위한 준비 단계이며, 이어서 원본능 경험을 의미 있는 경험으로 성취할 수 있다. 홀로 있는 시간이 흐르면서 유아는 감각이나 충동에 도달하게 되고, 여기서 유아가 그런 감각이나 경험을 실제적인 것으로 경험할 때 이것이 진정으로 개인적인 경험이 될 수 있는 것이다. 홀로 있는 상태에서 충동이 생길 때, 이렇듯 원본능 경험이 결실로 맺어지기 위해서는 부분적으로나 전체적으로 요구하지 않으면서 현존해주는 어머니라는 대상을 사용할 수 있는 것이 필요하다. 그러므로 위니캇은 이런 상황에서만 유아가 대상을 생생하게 느끼는 경험을 가질 수 있다고 하였다. 그리고 유아는 이러한 많은 경험들을 기반으로 허망감 대신에 현실감 있는 삶의 토대를 형성할 수 있게 된다고 하였다. 그는 우리가 홀로 있을 수 있는 능력을 발달시킨다면 그것은 누군가가 거기에 있다는 것을 의미하기 때문에 우리는 끊임없이 스스로의 개인적인 충동을 재발견할 수 있으며, 그 개인적 충동을 낭비하지 않는다고 하였다.

정상적인 사람이 연주회나 극장에서 또는 우정을 통해서 얻을 수 있는 것과 같은 아주 만족스러운 경험에 대하여 우리는 자아 오르가즘과 같은 용어를 사용할 만하다. 만족스러운 자아 관계성에서 발생하는 절정 경험, 놀이의 원초적 토대가 되는 본능과 삶의 만족을 주는 놀이를 비교할 때, 거기에는 원본능의 양뿐만 아니라 그것의 질적인 면에도 차이가 있다. 그러한 질적인 차이점은 바로 아동들의 행복한 놀이와 강제성을 띤 성적 흥분 및 본능적 경험 사이에 존재한다. 아동의 놀이가 신체적인 절정 상태에서 느끼는 몸의 흥분으로 인해 방해를 받을 때, 그 놀이가 행복하지 않다는 것을 기억해야만 한다. 소위 정상적인 아동은 부분적인 흥분에 따른 신체적 오르가즘에 의해 위협받는 느낌 없이 놀이할 수 있으며, 놀이하면서 흥분할 수 있고, 그 놀이에서 만족을 느낄 수 있다. 어머니의 사랑을 박탈당한 아동이나 또는 심한 조적 방어로 인해 안절부절 하는 아동은 몸의 흥분으로 인해 놀이를 즐길 수 없고, 신체적 절정이 필요하여, 성적 자극 없이는 놀이를 짜릿한 상태에서 끝낼 수 없다. 이것은 아동에게 거짓 절정을 제공하는 것이다.

유아는 약한 자아 조직을 갖고 있음에도 믿을 수 있는 부모의 자아 지원 때문에 홀로 있을 수 있다. 원본능 관계는 자아 관계성의 틀 안에서 발생하는 자연스런 순서를 거치며, 그 때 본능은 미숙하며 취약한 자아를 붕괴시키지 않고 오히려 강화시킨다. 점차적으로 자아 지원적 환경은 내사되어서 개인의 성격으로 확립되기 때문에 홀로 있을 수 있는 실제적인 능력이 된다. 이론적으로는, 항상 그 누군가가 그곳에 있으며 그 사람은 궁극적으로 그리고 무의식적으로 어머니와 동일시되는 사람이다. 그 사람은 초기에 일시적으로 유아와 동일시되고 그 기간 동안 오직 유아를 돌보는 일에만 몰두했던 사람이다. 결국 **나는 홀로 있다**로의 발달은 이러한 안정적인 환경을 토대로, 믿을 수 있는 엄마의 존재가 항상 존재한다는 유아의 믿음에서 이루어진다.[43]

위니캇은 관심을 가질 수 있는 능력이 사회생활의 중요한 요소이며 그 기원을 개인의 정서발달에서 찾아 볼 수 있다고 하였다. 여기서 관심이란, 개인이 무엇인가에 대해 상대방에 대한 배려를 통해 책임감을 느끼고 행동적으로 책임을 지는 것을 말한다. 클라인의 편집-분열적 자리에서 한 단계 성숙한 우울적 자리에서 발달되는 죄책감을 가리키는 것으로 보이지만, 이 둘은 결코 같은 의미로 사용되지는 않는다. 위니캇은 정상적인 발달에서 유아가 공격성에서 살아남은 대상에 대한 보상 욕구를 느끼고 성공적인 대상에 대한 통합이 이루어진다면, 죄책감보다는 타인에 대한 **관심**의 능력을 발달시킨다는 것이 더욱 적합하다고 보았다. 이러한 관심의 능력을 통해 유아는 자신의 본능적 욕동에 책임을 지는 성숙한 방식으로 대상관계를 맺을 수 있다.

초기에 아동은 두 가지 측면의 어머니를 필요로 하는데, 바로 대상 어머니와 환경 어머니이다. 대상 어머니는 유아의 원초적인 본능-긴장의 목표물이 되어 유아의 무자비한 공격(본능 충동, 구체적으로는 구강기 가학적 환상)에서 살아남아줄 수 있어야 한다. 즉, 대상 어머니는 전체 대상이라기보다는 부분 대상으로서 긴급한 욕구를 만족시켜주며 유아의 원본능-긴장을 다루어 준다. 반면에 환경 어머니는 아동의 존재감을 애정을 가지고 받아주는 대상으로서 예측하지 못한 위험들과 불안으로부터 유아를 보호해주는 적극적 돌봄을 제공한다. 이러한 점에서 알 수 있듯이, 두 어머니의 측면은 상당히 다른 특성을 가지고 있는데, 대상 엄마는 유아의 공격성에서 살아남아야 하는 만큼 생생한 살아있음, 생명력을 가지고 있는 것이 중요하다. 그래야 유아가 엄마의 신체를 생생하게 체험하고 사용할 수 있으며, 엄마의 살아남는 능력을 확인할 수 있기 때문이다. 반면에, 환경 엄마는 좀 더 조용한 특성을 갖는데, 이러한 평화로운 환경 엄마는 유아의 존재의 연속성을 보존해줄 수 있으며, 그 결과 유아는 안정감을 갖고 스스로의 불안을 감당하는 능력, 즉 자아의 힘을 강화시킬 수 있게 된다.

이러한 안정적인 두 가지 엄마의 역할이 엄마-유아와의 관계에서 성립이 되면, 유아는 무자비한 대상사용을 통해 본능 충동에서 오는 긴장을 완화시키며 신체적 욕구가 충족되는 만족을 느끼게 된다. 그 후에 유아는 대상을 공격한 것에 대한 죄책감을 느끼고 대상을 보상하고자 하는 마음을 대상에게 전달함으로써 (또한 유아의 공격성에서 엄마가 살아남았기 때문에 유아의 보상을 받아줄 수 있는 환경 엄마 또한 존재하는 것이다) 죄책감을 극복하고 대상과의 관계에서의 믿음을 그리고 유아 자신의 자아 힘을 강화시킨다. 이러한 선순환의 반복적인 경험을 통하여 유아는 자신의 공격성에 뒤따라 보상의 기회가 항상 주어진다는 확신을 갖게 되며, 이것은 유아로 하여금 더욱 더 자신의 본능적 욕동(i.e., 공격성)을 자유롭게 표출할 수 있게 허락한다. 결국, 유아의 죄책감은 이러한 선순환의 과정에서 수정되어 **관심의 능력**으로 발달된다.

이 관심의 능력을 갖게 되는 과정에서 유아는 더 이상 부분 대상이 아닌 전체 대상으로써 엄마를 인식할 수 있게 된다, 즉 대상 엄마와 환경 엄마가 통합 되는 것이다. 이러한 융합을 통해 유아는 자신의 만족추구와 대상추구가 동일한 인물과의 관계에서 이루어지고 있다는 것을 인식하고 스스로의 양가감정을 다룰 수 있는 기회를 얻게 된다. 이러한 양가감정은 신체적으로는 대상에 대한 성애적이면서 공격적인 욕동들을 가리키고, 환상세계에서는 심리적으로 사랑과 증오를 가리킨다. 이러한 양가감정의 경험을 통해 유아는 점점 외부 대상으로부터 독립된 자신을 객관적으로 지각하게 되고, **나 아닌** 대상들과 관계하기 시작하여, 안과 밖의 개념을 발달시킨다.

유아는 생의 초기에 주관적인 대상인 엄마와의 융합을 통해 환상을 현실로 경험하는, 전능성의 경험을 하게 되고 유아는 원본능 그리고 자아 만족 충족에 집중하게 된다. 여기서 성립된 유아의 전능성은 점진적 좌절을 통해 점차적으로 포기되고, 그 이후에 **충분한** 돌봄이 이루어지면, 처음에는 주관적이었던 엄마에서 객관적인 엄마로 재창조된다. 여기에서 필요한 창조성은 전능성의 경험에서 경험되고 발달된다. 위니캇은 건강한 경우, 대상은 발견되는 것이 아니라 창조되어야 한다고 하면서 동시에 대상이 창조되기 위해서는 발견되어야 한다고 하였다. 이 모순적인 주장은 대상의 존재는 유아에 의해 발견되어야 하며, 그 이후 유아에 의해 그 대상의 존재적 의미가 **재-창조**되는 것을 의미한다.

항상 그 자리에 자신의 필요를 위해 머물러주고 손상되지 않음으로써 유아의 전능성을 허락하는 엄마와의 경험을 통해 엄마-아기 사이에 기본적 신뢰가 형성된다. 바로 여기에서 위니캇은 **중간 놀이터**가 만들어지고 전능적 경험이 표현된다고 하였다. 이 신뢰 공간에서 벌어지는 재미있고 생생한 놀이를 통해 아기는 정체성을 형성해나가기 시작한다고 하였다. 여기서 놀이가 재미있고 생생할 수 있는 이유는 바로, 놀이에서의 상호작용이 예측 불가능하기 때문인데 여기서 아기는 전능성을 깨고 나아가 현실을 깨닫게 되고 점차적으로 현실에서 관계를 해나가게 된다. 이 단계에서 대상은 주관적 대상에서 객관적 대상으로 변형되는 과정을 경험하게 된다. 이러한 현실과 환상을 오가는 단계의 대상-관계에서 유아는 내부적이지도 않고 외부적이지도 않은, 나-아닌 대상을 깨닫게 되는데, 여기서 믿음의 기초를 형성해준 엄마와 홀로 있을 수 있는 능력도 키워나가게 된다. 이렇게 함께 있는 상태에서 엄마의 존재를 잊어버리고 혼자 놀 수 있는 순간이 아기 자신만의 진정한 놀이가 시작되는 시점이기도 하다. 언뜻 보면 엄마가 함께 있어주지 않아도 되는 것처럼 보일 수 있지만, 엄마는 울타리로써 유아에게 자유롭게 놀 수 있는 시간적, 공간적 그리고 환경적 분위기를 제공하는 것뿐만 아니라, 무슨 일이 생길 경우 유아가 언제든지 도움을 구할 수 있는 안식처로서 유아를 위해 존재해주어야 한다. 유아의 놀이가 편하고 자연스러운 방식 안에서 이루어지기 위해서는 그만큼 엄마가 제공하는 시공간의 연속성이 중요하다. 이렇게 묵묵히 자리를 지켜주고 아이의 공간을 존중해 주는 것이 중요한 이유는, 그러한 자유로움 속에 아이의 창조성이 발휘되고 발달될 수 있는데, 보호와 지도라는 명분하에 엄마의 불안과 염려가 이러한 아이의 자유로운 발달에 장애물이 되어 아이의 놀이의 본질을 훼손시킬 수 있기 때문이다.

결과적으로 위니캇은 놀이가 유아의 정상적인 발달의 일부임과 동시에 건강한 발달을 촉진시켜주는 중요한 매개체이므로 유아 정신세계의 건강성을 반영한다고 하였다. 그러므로 그는 놀이는 그 자체로써 치료요법이며 그 본질 그대로 이해되고 적용될 때에 그것의 효용성을 최대한 살릴 수 있다고 보았다.[44)]

위니캇은 반영의 중요성과 침범의 위험성에 대해 말하면서 실제 거울을 바라보는 아기를 이야기하는 것이 아니라, 엄마를 거울로써 사용하며, 그러한 엄마로부터 반영되는 자기를 경험하는 아기의 발달 과정을 이야기했다. 위니캇은 아기들이 모유 수유 중에도 엄마의 젖가슴과 부분적으로 관계한다는 클라인의 주장과는 달리 엄마의 눈을 바라본다고 하였다. 그는 아기들에게는 젖가슴에서 나오는 음식에 대한 본능적 욕구보다 자신을 반영해주고 정서적으로 안아주는 따스한 엄마와의 눈 맞춤을 통한 자아욕구의 충족이 더 중요하다고 하였다. 위니캇은 유아의 눈이 보이지 않는다고 해도 (혹은 다른 감각 기관이 기능하지 않는 불편함을 가지고 태어날지라도) 그에 따른 보상으로 기능하는 다른 감각 기관들을 최대한 살려 엄마와 적극적으로 의사소통할 정도로 유아의 자아 욕구 충족에 대한 소망은 강하다고 하였다. 그만큼, 유아가 초기 대상관계에서 반영 받는 경험이 얼마나 중요한지 알 수 있다.

위니캇의 이론에서 병리의 가장 근본적인 원인으로 계속해서 지목되는 것은 바로 침범의 경험이다. 그리고 그는 이것이 비단 유아기에 그치는 것이 아니라 생애 전반에 걸쳐 침범의 경험이 정신적 고통을 불러일으킨다는 것을 강조하였다. 위니캇은 초기 공격성의 뿌리를 찾는 연구에서 이드 경험에 3가지 패턴이 있다고 주장했다. 그는 그 중에 두 번째 패턴에서 환경이 유아를 침범하는 일이 일어날 때, 유아는 개인적 경험을 쌓는 것이 아니라, 침범에 대한 반동의 연속을 갖게 된다고 하였다. 이 경우에 유아는 자신의 존재가 수용되는 경험을 하기 위해 쉼을 찾아 대상과의 관계에서 철수할 수밖에 없다고 하였다. 가장 극심한 침범이 일어나는 세 번째 패턴에서는 유아가 자신의 경험을 위해 쉴 수 있는 장소마저 확보할 수 없다고 하였다. 결과적으로 유아는 일차 자기애적 상태로 진화하지 못하고, 이것에 대한 대응으로 유아는 스스로의 중심으로서가 아니라 침범하는 환경의 껍질의 연장으로서 자신을 발달시킨다. 그러므로 유아의 자아 핵에 남은 것은 숨겨지게 되고 성인이 되어서 장기간의 분석을 통해서도 이 부분과의 접촉이 힘들어진다. 결국 개인은 발견되지 못한 상태로 존재하게 되고, 참자기는 거짓자기에 의해 숨겨진다. 이러한 환자들은 언뜻 보면 무난하게 사회 적응을 하는 것으로 보일지 모르지만, 주변이 점점 더 개인의 거짓자기를 그 사람의 참자기로 믿게 될수록 허무하고 공허한 느낌을 갖게 된다.[45)]

환상과 창조성

위니캇에 따르면 환상은 사람들과의 관계를 풍부하면서도 복잡하게 만들며 무엇보다도 개인의 내적 조직에 결정적인 역할을 한다고 하였다. 이러한 환상을 탐구하는 것은 환자의 초기 정서 발달 과정을 탐구하는 것이며, 이러한 초기에 성립된 정서들은 환자의 병리에 대한 결정적 단서들을 가지고 있다. 이러한 정서적 발달은 신체적 발달과 함께 이루어지며, 초기에는 정서적 발달이 신체적 발달의 수준에 많이 의존하게 되는데 그것은 초기에 정서 발달이 감각 경험에 크게 의존하기 때문이다.

아기가 외부 자극을 보고, 듣고, 느끼는 것은 내면의 정서에 기반이 된다. 그렇기 때문에 인간의 생애 초기에는 신체적 발달이 충분히 충족이 되어야 그 탄탄한 토대 위에 정서적 발달이 일어날 수 있을 것이다.

위니캇에 의하면, 초기 발달 과정은 통합integration, 인격화personalization, 그리고 실현realization의 과정을 거친다. 통합은 기본적인 돌봄과 유아가 스스로 겪는 본능의 경험에 의해 성취된다. 앞선 통합의 과정이 이루어졌을 때, 안전하게 두 번째 과정인, 인격화personalization 발달로 이어진다. 성공적인 통합을 이루게 되면, 유아는 안전하게 자신의 신체 안에 안착한 상태로 세상을 생생하게 경험할 수 있다. 만일 통합이 성공적으로 이루어지지 못할 경우, 유아는 인격화의 지연이나 탈인격화를 경험할 수 있는데, 이것은 자신의 인격이 자신의 신체 안에 있다는 느낌을 받지 못하는 것이다.

마지막 과정인 실현realization과정에서 위니캇은 엄마와의 상호작용에서 ***경험의 조각***이 생긴다고 표현했다. 이것은 결국 유아의 환상이 현실 속의 대상과의 관계에 기반을 두고 있고, 현실에서 엄마와의 관계 또한 유아의 내적 대상과의 관계에 영향을 받는 것이다. 그러므로 환상과 현실은 함께 공존하지 않는 이상, 그 가치는 빛을 잃고, 유아는 둘 중 그 무엇도 건강하게 경험할 수 없게 된다.

위니캇은 이러한 정서 발달은 비단 유아기뿐만 아니라, 아동기, 성인기 심지어 노년기까지 지속되며, 그 과정에서 우리

의 관심의 능력이 강화되어야 한다고 말했다.[46)]

유아가 엄마로부터 독립하는 과정에서 환상과 현실의 중간에 존재하는 영역에서 유아는 중간대상을 가지고 노는 시간을 갖게 된다. 이 중간영역을 건강하게 거치게 되면, 점차적으로 주관적 대상을 부분적으로 파괴하고 객관적 대상과의 대상 사용을 통해 좀 더 성숙한 관계를 맺을 수 있게 된다. 이러한 중간현상 과정에서 유아의 중간대상과의 경험은 창조성의 뿌리가 되며, 후에 문화 관련 경험의 토대가 된다. 꿈과 공상의 차이점 중 하나가 바로 이것과 연결되어 있다고 위니캇은 말한다. 환상과 현실의 명백한 경계를 발달시킨 사람이 창조성을 기반으로 환상 세계를 사용할 줄 안다고 한다면, 이 사람은 환상 세계를 사용함과 동시에 현실과의 접촉을 놓치지 않는 사람이라고 볼 수 있는 반면에, 공상에 빠져 있는 사람은, 이러한 백일몽의 경험으로부터 그 어떠한 창조성 있는 작품이나 활동을 만들어낼 수 없으며, 현실적 감각을 놓친 상태로 현실과 환상을 구별해내지 못하는 병리적 상태에 있다고 볼 수 있다.[47)]

상상력 대신에 공상을 발달하게 되는 이유는, 초기의 지나치게 이른 그리고 감당하기 어려운 좌절 경험이 그 원인이라고 볼 수 있다. 이러한 초기의 감당할 수 없는 좌절은 개인으로 하여금 그의 환상 세계를 파괴하게 하여 정상적인 전능성 경험을 충분히 맛보지 못하게 한다. 결국, 이러한 이른 좌절에 대한 보상으로, 그 개인은 공상 속에서 자신의 잃어버린 전능성을 만끽하게 된다. 치료적 과정에서 또한 공상 속의 전능감은 포기되고, 이것은 극심한 불안을 초래할 수 있게 된다. 치료가 진전됨에 따라, 공상 세계는 점차적으로 현실 세계를 반영하기 시작할 수 있다. 이러한 변화는 창조적 놀이가 꿈과 삶에 속해 있으며 공상에 속해 있지 않다는 위니캇의 이론이 잘 반영되는 부분이다.[48)]

4) 윌프레드 비온의 이론

담아주기

유아도 불안, 좌절, 고통과 같은 정서를 경험한다. 그러나 성인과 달리, 유아는 불안, 좌절, 고통과 같은 부정적인 감정들을 경험할 때, 이것들을 소화할 수 있는 능력이 아직 없다. 특히, 이들이 초기에 경험하는 멸절 불안, 박해 불안은 너무나 압도적이어서 유아에게 외상으로 경험될 수 있다. 그러므로 유아가 이러한 감정들을 외부로 투사할 때, 이 투사가 누군가에 의해 흡수되고 유아가 소화할 수 있는 수준으로 수정되어 유아에게 재내사 될 필요가 있다. 엄마가 신체적으로 유아를 보듬어 주고 생리적 욕구를 충족해주는 돌봄을 넘어서는 이와 같은 엄마와 유아의 정신내적 역동은 유아로 하여금 엄마의 사랑을 느끼게 할 뿐만 아니라 삶에 대한 생생한 경험을 축적해나갈 수 있는 기회를 제공한다. 유아의 투사된 불안을 내사하고 받아들이고 견뎌주는 엄마의 기능을 비온은 담아주는 것container이라고 표현하였고, 이 기능을 알파-기능alpha-function이라고 하였다. 이와 같이 담아주는 과정에 있는 엄마의 심리 상태를 그는 몽상reverie이라고 하였다. 이것은 결국 깨어있을 때 꾸는 꿈을 의미한다.[49]

비온이 알파alpha와 베타beta의 기호를 선택한 것은 용어적 의미의 포화를 막기 위함이었고, 그는 일반적으로도 포화 상태를 지양하는 것으로 보인다. 우리는 가능한 정서적 공간을 만들어 우리 자신에게 여유를 줄 수 있어야 하는데, 알지 못함을 인정하는 순간 우리는 스스로에게 해방감과 동시에 우리의 관점과 시각에 새로운 공간을 만들어주게 된다. 이러한 공간을 만드는 이유는 공간의 창조가 최종 목적이 아니라 진실로 향하는 통로를 그 공간이 열어주기 때문이다. 담는 것은 꿈꾸기, 생각하기, 알파-기능, 좌표, 그리고 접촉-장벽들의 혼합된 복합적 기능이라고 볼 수 있다. 알파-기능은 야생적이고 정신화되지 못한 베타-요소beta-elements들을 의식과 무의식 사이의 접촉-장벽을 강화하는데 사용될 수 있는 알파-요소alpha-elements로 변환시키는 역할을 한다. 엄마와의 초기 관계에서 엄마가 유아를 위해 생각하고 꿈을 꾸지만, 유아는 점차적으로 이러한 엄마의 알파-기능을 내재화하여 스스로의 정서를 알파화하는 작업을 해나간다. 결국 내재화된 엄마의 알파-기능을 가지고 유아는 자신의 사고들을 생각하고 꿈꿀 수 있게 된다. 알파-기능의 기능이 좋으면 좋을수록 생각하는 기능은 더욱 좋을 수 있는데, 그러한 알파-기능에서 접촉-장벽은 기본적으로 무의식과 의식 사이에 오고가는 사고들의 움직임을 담당하기 때문에 중요하다.[50)]

소극적 능력과 항구적 결합

떠나간 엄마가 돌아올 수 있다는 신앙Faith은 또한 떠나간 엄마의 부재 즉, 좌절을 견딜 수 있는 능력을 나타낸다. 알 수 없음을 견딜 수 있는 이 **소극적 능력**negative capability을 가지고 있지 않고서는 대상의 부재와 같은 좌절의 상태를 온전히 경험해내기 힘들다. 그리고 소극적 능력을 사용하여 무지의 상태를 견디고 그 상태를 수용한다면 전혀 뜻하지 않았던 요소들이 창조적인 결합을 하는 **항구적 결합**constant conjunction을 성취할 수 있을 것이라고 하였다. 우울적 자리에서 발휘되는 애도의 능력은 물리적으로는 더 이상 존재하지 않으나 살아있을 적 대상과의 관계를 회상하는 과정을 통해 대상의 내재화를 성취해내는 능력이다. 그러므로 대상의 부재 속에서 대상을 느끼는 능력은 분명 신앙의 요소를 내포하고 있다. 결국 항구적 결합을 통해 알 수 없는 운명에 신앙을 가지고 우리 자신을 맡기는 것은 아무도 신뢰할 수 없는 편집-분열적 자리에서의 박해적 불안을 이겨내고 전체 대상과의 상징적 관계가 가능한 우울적 자리로의 성숙이라고 볼 수 있다. 소극적 능력은 개인이 스스로의 내면세계를 탐색하는 작업 속에서 깜깜한 터널을 걷는 것과 같은 느낌을 맞닥뜨릴 때, 그 알 수 없는 상태를 수용하고 그 상황에 여유를 가지고 머무르면서 그 느낌을 충분히 경험해내도록 도와준다.[51)]

궁극적 실재 "O"와 영원히 진화하는 유아

앞서 언급된 소극적 능력의 사용을 통해 항구적 결합을 수용할 수 있을 때, 개인은 대상에 대한 정서적 연결들을 탐색하고 마침내 대상에 대해 알 수(K) 있는 경험을 할 수 있다. 여기서 앎은 하나의 사실만이 아니라 뿔뿔이 흩어져 있던 지식들 사이의 연결이 이루어질 수도 있는데, 그것을 비온은 K연결이라고 하였으며 이것은 하나의 패턴을 이룬다. 이러한 패턴을 비온은 선택적 사실selected facts이라고 이름 붙였는데 이것은 논리적으로 인과관계로 정확하게 설명할 수 있는 것이 아니다. 또한 의식적으로 노력하고 생각한다고 해서 선택적 사실의 패턴을 우리가 만들어낼 수 있는 것이 아니라 이것은 무의식적 작용, *O*에 의해 **도래**하는 것이라고 비온은 보았다. 아이건은 선택된 사실의 패턴이 얼핏 보았을 때 무작위적이며 무질서하게 보일 수도 있지만, 비온은 항구적 결합에서와 같이 *O*는 우리가 알 수 없는 궁극적 실재로서 나름의 질서를 가지고 있다고 하였다. 아이건은 알 수 없음과 앎을 통한 이러한 선택적 사실의 도래가 편집분열적 자리와 우울적 자리 사이의 진동과 같이 한 자리에 영원히 머무는 것이 아니라 나선형적 발달을 이루어내는 것임을 명시하였다.

클라인학파, 후기-클라인학파, 그리고 비온학파는 피분석자 안에 **분석적 유아**가 존재한다고 가정하였다. 그 유아는 어떤 점에서는 실제 유아기의 유아와 일치하지만, 다른 점에서는 무의식의 분석적 주체를 나타내는 환자의 가장 주관적이고 민감하며 취약한 측면과 일치한다. 유아는 모든 연령대의 인간 안에 있는 현 정신의 깊이 안에 거주하고 있는 추상적이며 가장 근본적인 측면을 가리키는데 이것은 개인의 존재론적 그리고 현상학적 경험의 출발점이자 근원 지점이라고 그롯슈타인은 말했다.[52]

환상과 환각 그리고 과학적 연역체계와 "O"의 변형

비온은 또한 환각증에서의 변형 또한 언급했는데, 그는 환각과 환상을 명백히 구분하였다. 환상의 역할은 건강한 개인에게 있어서 꿈꾸기와 같은 역할을 하며, 소화되지 않는 감각 인상들을 알파-요소로 변형시켜 개인화 하는 과정을 통해 우리의 무의식을 풍부하게 해주는 알파-기능과 함께 창조, 창작의 작업을 한다. 그러나 환각은 베타 요소들을 단순히 비워내는, 축출에 불구하며 우리 개인의 알파 기능을 통해 의미를 재해석하는 경험을 하는 것이 아니라, 미리 결정된 것을 비워내어 관찰하는 것에 그친다. 이것을 비온은 환각증에서의 변형이라고 하였다. 비온은 이러한 환각이 모든 개인들에게 내재된 경향성이지만, 그것을 생존을 위한 빗나간 기술로 사용하느냐 또는 직관으로 사용하느냐에 따라 의미를 산출할 수 있게 된다고 하였다. 환각증에서의 변형이 누구에게나 내재된 경향성인 이유는, 유아가 초기 관계에서 환각을 사용하여 상실한 대상을 대체하려는 시도를 하기 때문이다. 여기에서 유아는 사물-없음의 텅 빈 상태를 견딜 수 있어야 하며, 궁극적으로는 좌절을 견디는 역량을 통해 믿음Faith을 발달시킬 수 있어야 한다. 하지만 이것은 성공적인 초기의 경험으로 유아가 지속적으로 엄마와의 관계에서 투사적 동일시를 통해 엄마의 건강한 알파-기능을 내재화하는 경우에 해당된다. 여기서 좌절을 견디지 못하고 실패할 경우, 유아는 사물-없음, 즉 대상 없는 텅 빈 상태를 견디지 못하고 그 사물-없음을 사고를 발달시키는 것이 아니라 환각증 체계를 위한 토대로 사용하게 된다. 궁극적으로, 환자는 기능하지 못하는 담는 것을 향해 정서적 과장을 증가시킨 결과이다. 성공적인 담기에서 이루어진 변형은 O가 되는 화육의 과정을 거치며, 자발적인 아이디어들에 의해 ***포화되지 않는 것***으로 인도되는 것에 비해, 변형의 실패는 O를 시기의 대상으로 느끼게 되며 더 이상 개인의 정신이 ***생각하기*** 능력을 발휘할 수 없는 무능력의 상태로 인도하는 ***포화된 상태***로 이어진다.[53)]

비온에 의하면, 우리가 경험으로부터 배울 수 있는 이유는, 중간적 과정이 있기 때문인데, 이 중간적 과정을 이해하기 위해서는 변형에 대한 개념을 이해해야 한다. 경험에서 배운다는 것은 우리가 그 경험을 소화해내고 그것을 정서적인 의미와 객관적인 의미로 신진대사 하는 것을 말한다; 우리의 사고(음식)

는 기본 요소들로 해체되고 우리의 정신(소화기관)에 의해 흡수되기에 더 적합한 요소로 재구성되는 과정을 거친다. 이러한 변형의 작용은 비온에 의하면 O의 바탕 위에서 이루어진다. O는 내면세계로부터 오는, 억압되지 않은 무의식으로부터 오는 절대적 진실, 궁극적 실재 등을 가리키는 집단적 용어인데, O의 다른 측면으로는 외적 대상과의 상호작용에 대한 우리의 정서적 반응을 불러일으키는 감각 자극들이 있다. 이러한 외부 자극들은 **꿈 꾸어져야** 하는데, 그것은 즉 우리의 알파 기능에 의해 베타 요소에서 알파 요소로 변형을 거쳐야 하고, 변형된 알파 요소들은 다시 한 번 꿈 사고로의 변형을 거친다. 변형을 거친 감각 자극들은 무의식에 저장되고, 필요에 따라 의식의 내용이 되기도 할 것이다. 이러한 변형의 과정을 통해 우리는 타자로부터 온 것을 우리 자신만의 것으로 내재화 할 수 있는 것이다. 적절한 변형이 이루어지지 못하고 외부적 감각이 소화되지 못할 때, 우리는 소화되지 못한 감각들을 외상으로 경험한다.

Ⅲ. 제4차 산업혁명의 정신분석학적 재구성

1. 제 4차 산업혁명과 환상

일반적으로 환상을 현실과 동떨어진 판타지 소설이나 영화 속에 나오는 이야기라 생각하기 쉽다. 보통 일상생활에서 보이는 서로의 말과 행동 가운데 얼마나 많은 부분이 개인의 환상세계를 반영하는지 인식하지 못한다. 그렇기 때문에 현실과 환상의 개념이나 기능을 이분법적으로 생각하다보면, 환상이 우리의 정신세계에서 갖는 중요성이나 현실과의 연관성에 대해서 오해하기 쉽다. 정신분석학에서는 세상에 대한 개인의 견해가 환상(fantasy)과 현실(reality)의 상호작용을 통해 이루어지며, 그 사이의 상호작용은 개인의 성격, 지각 그리고 행동에 커다란 영향을 끼친다고 본다.[54] 또한 생애 초기부터 유아는 무의식적 환상(phantasy)을 통해서 자신의 본능을 정신적으로 표현한다고 보기 때문에, 환상세계는 현실세계 못지않게 개인의 정신 발달에 중요한 역할을 한다고 본다. 생애 초기 현실 경험이 개인의 환상세계에서 일부분을 구성하게 되고 그렇게 형성된 환상세계는 우리가 현실을 어떻게 경험하는지에 큰 영향을 끼친다.[55] 그러므로 환상과 현실은 유아의 초기 발달 단계부터 끊임없는 상호작용이 필요한 상보적 관계에 있다. 따라서 우리가 질적으로 풍요로운 환상세계를 구성하기 위해서는 현실 경험의 질 또한 중요하다고 볼 수 있다.

제 4차 산업혁명을 통해 인간의 활동 무대는 물질세계인 ATOM 세계에서 데이터로 이루어진 사이버 세상인 BIT세계로 서서히 옮겨가고 있다. 사실, 현재 우리의 의사소통과 생산 활동의 상당 부분이 사이버 세상에서 이루어지고 있다는 사실을 감안할 때, BIT세계에서의 삶은 그리 생소한 개념도 먼 미래의 이야기도 아니다. 무엇이 우리로 하여금 BIT세계를 만들게 하였는지 알 필요가 있다. 앞서 말했듯이 환상과 현실세계 사이에는 끊임없는 상호작용이 오고 간다. 아이건은 위니캇의 이론을 바탕으로 유아에게 창조와 발견은 하나이기 때문에 유아가 생후 최초의 대상인 엄마를 현실에서 발견하는 것인지 아니면 환상에서 창조하는 것인지의 순서를 생각하는 것은 의미가 없다고 하였다.[56] 창조와 발견이 하나라는 것은 곧 환상과 현실의 상호작용이 양쪽에서 동시에 발생하는 것이며 인간의 환상세계가 외부 경험으로만 빚어지는 것이 아니라 기본적으로 타고난 부분을 가지고 있다는 것을 의미한다고 볼 수 있다.

이렇게 기본적으로 탑재된 우리의 초기 환상세계는 전능환상을 가지고 있고 이것은 엄마의 일차적 모성 몰두로 충족되고 유지된다. 전능환상의 충족은 발달적 시점에서 반드시 필요한데, 전능환상이 충족되는 경험이 있어야 우리가 이후에 찾아오는 점진적 좌절을 견딜 수 있는 힘을 발휘할 수 있다. 즉, 환상세계에서의 소망과 그에 따른 현실에서의 충족 경험은 하나의 사이클로서 균형을 이루게 된다. 그러나 환상세계에서 생기는 우리의 모든 소망이 현실에서 충족될 수는 없다. 이러한 현실에서의 적절한 좌절은 우리의 발달에 필요하며 좀 더 건강한 환상세계를 구성하는데 중요한 발달과정을 제공한다.[57] 그러나 점진적 좌절의 발달적 중요성이 존재한다고 해서 우리가 좌절 경험을 달가워하지는 않는다. 현실은 우리의 통제 하에 있지 않기 때문에 우리의 많은 두려움과 불안이 현실에서 일어나는 통제권 상실에서 유발된다. 우리가 가상현실virtual reality을 우리의 현실에 도입한 이유가 바로 여기에 있지 않을까? 이는 우리의 소망을 좀 더 충족하기 **쉬운 공간**을 현실에서 확보하기 위해 우리는 환상세계의 일부를 현실로 가져온 것이라고 볼 수 있다.

우리에게 가상현실이 매력적인 이유 중 하나로 그곳에서는 현실세계에서와 같은 물리적 한계가 없기 때문이라고 생각하는 경향이 있다. 그러나 물리적 한계 때문에 우리가 ATOM세계보다 BIT세계를 선호하는 것이라고 보기에는 다소 무리가 있다. 사실 사이버 세상은 우리의 현실세계보다 더 제한적이라고 볼 수 있다. 철저한 계산과 계획 하에 인공적으로 구축된 사이버 세상은 인간의 **조작**에 의해 운영되기 때문에 우리 현실세계의 삶에서 존재하는 우연성이나 자발성은 본질적으로 존재하지 않는다. 그렇다면 무엇이 우리로 하여금 사이버 세상에 매료되게 하는 것일까? 우연성이나 자발성의 개념은 통념상 낭만적으로 들리지만, 사실 우리는 우연성의 예측할 수 없음을 선호하지 않는 편이다. 그에 비해 사이버 세상에서 우리는 현실 세계에서와 비교할 수 없는 수준으로 통제력을 발휘할 수 있다. 그곳에서 우리에게 주어지는 통제권은 현실에서 충족될 수 없었던 우리의 소망 중에 하나라고 볼 수 있다. 따라서 우리는 우리의 철저한 통제 하에 조작 가능한 공간을 현실세계에 마련한 것이다.

이러한 맥락에서 사이버 공간이 우리의 환상을 충족시켜주고 우리가 그 공간에서 힘을 얻어 현실에서 행복한 삶을 살 수 있다면 문제가 없어 보이지만, 사실은 그렇지 않다. 왜냐하면, 앞서 언급되었듯이, 현실에서의 경험이 반드시 충족되어야 의미 있는 것은 아니라고 본다. 오히려, 우리의 정신은 건강한 발달을 이루기 위해 좌절하는 경험을 필요로 한다. 그것이 너무 이른 시기에 감당할 수 없는 수준의 좌절이 아니라면, 적절한 좌절은 우리의 성장에 도움이 된다. 우리 대부분은 좌절을 견딜 수 있는 능력을 갖추고 있지만, 과학 기술의 발달(스마트폰과 같은 전자기기 활용)로 우리에게는 시공간을 초월하여 도피할 수 있는 여건이 마련되었다.

스타이너에 의하면 임상에서 환자와 분석가의 의미 있는 접촉이 위협으로 경험될 때, 환자가 빈번하게 정신적 은신처psychic retreat로 철수하게 되면, 그 안에 갇혀서 외부로부터 단절되고 스스로의 정서와 접촉이 끊어지게 된다고 하였다. 이와 같은 은신처는 일시적으로 환자를 불안(편집-분열적 자리 그리고/또는 우울적 자리에서의 불안)에서 보호해주지만, 환자는 그에 상응하는 대가를 치러야 한다. 환자는 은신처로 들어가 스스로를 고립시켜 외로움과 마주하게 되고, 반복적인 철수로 인해 정신적 평형 상태에 도달하게 되면, 그 어떠한 성장도 이루어낼 수 없게 된다. 그러한 대가를 치르면서까지 환자가 정신적 은신처에 매료되는 이유에 대해 스타이너는 그곳으로 철수한 환자가 현실과의 접촉을 피함으로써 자신의 환상과 전능성을 펼칠 수 있는 마음 속 장소를 확보하기 때문이라고 하였다. 그는 이러한 방어적 조직은 하나의 기질로 모든 사람에게 보편적으로 존재하며, 견딜 수 없는 수준의 불안과 조우하였을 때, 정상 성인에게서도 나타났다가 위기상황 이후에 사라진다고 하였다. 그러나 우리가 이 조직을 남용하게 되면, 결국 이것이 우리의 인격을 지배하게 되어 현실과의 접촉을 저해함으로써 개인은 자신의 감정으로부터 단절되어 접촉할 수 없게 된다. 스타이너에 따르면 정신적 은신처로의 습관적 철수는 실제로 불안을 경험하기도 전에, 견딜 수 없을 것 같은 불안이 감지되면 다시 그 안으로 더 깊이 철수하게 만들며 심지어는 더 이상 은신처가 필요하지 않은 순간에도 이 조직을 고수하게 만든다. 그에 의하면, 가장 최악의 경우에 이러한 철수는 거짓수용psudo-acceptance으로 경험될 수도 있다. 이렇게 되면 피상적으로는 현실과 적당히 접촉을 유지하기 때문에 **정상**처럼 보일 수 있으나, 가장 고통스러운 측면으로부터는 여전히 접촉을 단절시킨 상태가 지속된다. 결과적으로 내면의 고통을 외면하고 표면적으로만 건강성을 유지한다면, 우리는 스스로의 내면적 정신건강을 위험에 몰아넣을 수 있다. 이러한 가능성에 대해 비온은 자신의 병리와 접촉해 있지 않은 신경증 환자보다 차라리 스스로의 광증과 맞닿아 있는 정신증 환자가 진실에 더 가깝다고 하였다.[59] 그러므로, 겉으로 보여지는 증상보다, 내면에서 이루어지는 자기 자신과의 진실된 접촉이 개인의 정신건강을 진단하는데 좀 더 정확한 척도가 될 수 있다.

위니캇은 홀로 있을 수 있는 능력에서 ***자아 오르가즘***이라는 용어를 언급하였는데, 이는 만족스러운 자아 관계성에서 발생하는 절정 경험을 가리킨다. 자아 오르가즘은 단순히 성적 자극과 같은 본능적 경험만으로 도달한 절정이 아닌, 유아의 원본능 충동을 충족시켜주는 원본능 관계가 엄마와의 만족스러운 관계 즉, 자아 관계성의 틀에서 발생할 때 경험되는 절정이라고 하였다. 만족스러운 자아 관계성이란 결국 홀로 있을 수 있는 능력을 갖춘 유아와 엄마의 관계를 지칭하는 것인데, 여기서의 원본능 경험은 진정한 만족으로 의미 있는 결실을 맺을 수 있게 된다. 그러나 단순히 원본능 충족에만 집중된 성적 흥분은 아동에게 ***거짓 절정***을 제공하는 것이라고 위니캇은 말했다.[60] 여기서의 거짓 절정은 앞서 언급된 스타이너의 거짓수용과 연결될 수 있다.

정신적 은신처가 보편적으로 누구나 가지고 있는 방어조직이라는 스타이너의 이론을 바탕으로, 제3차 산업혁명부터 제4차 산업혁명으로 이어지는 현재까지 우리의 삶에 빠른 속도로 스며든 수많은 전자 기기들이 우리의 정신적 은신처 역할을 하는 부분이 있다. 어느 순간부터 우리는 길가에서 걸음마도 채 떼지 않은 아기로부터 어른에 이르기까지 스마트폰에 몰두해 있는 것을 우리는 쉽게 발견할 수 있다. 아기가 우는 순간 스마트폰을 쥐어주는 부모들과 출근길과 퇴근길에 빨갛게 충혈 된 눈으로 스마트폰을 응시하는 직장인들의 모습은 우리에게 일상적인 장면이 되어버렸다. 우리는 내면에서 올라오는 감정과 생각들에 귀를 기울이고 홀로 있는 시간을 만끽하는 것이 아니라, 우리의 감정이 차단되고 사고가 정지된 채로 눈부신 스크린을 멍하니 바라보며 시간을 보낸다. 우리 자신의 정서와 접촉하고 하루 동안 일어났던 일들을 소화하여 사고할 수 있는 기회를 스스로 박탈하고 임시적 방편으로 우리의 정신을 기계에 맡길 때, 우리는 자신에게 거짓 절정을 제공하며, 이것을 의미 있는 접촉으로 착각하는 거짓수용이 일어나는 것으로 보인다.

이렇듯 현실에서 진정으로 만족스러운 경험을 하지도, 제대로 현실에서의 좌절과 직면하지도 못한 채, 거짓 절정으로 우리의 정서를 채울 때, 우리의 환상세계는 피폐해질 수밖에 없다. 환상세계는 현실에서의 의미 있는 경험을 토대로 풍요로워지기 때문에, 정서적 접촉이나 사고 능력이 요구되지 않는 기기와의 경험들은 환상세계를 위한 적합한 자원으로 사용되기 어려운 것으로 보인다. 비온에 의하면 환상은 건강한 개인에게 있어서 꿈꾸기와 같으며, 소화되지 않는 감각 인상(베타-요소)을 알파-요소로 변형시켜 개인만의 이야기로 엮어내는 알파-기능을 가지고 있다고 하였다.[61] 그러므로 우리는 환상을 통해 우리의 무의식을 풍부하게 하는 창조와 창작의 작업을 할 수 있다. 그러나 현실에서 풍부한 경험적 자원을 환상세계에 공급하지 못한다면, 결국 현실에서 노출된 베타-요소들을 알파-요소로 변형시켜주는 개인이 가진 알파-기능의 발달과 성숙은 저해된다. 그러므로 성숙한 알파-기능을 갖추지 못한 개인이 지속적으로 현실에서의 경험을 소화해내지 못하고 정신적 은신처로 철수하여 스스로를 고립시킨다면, 그는 아무런 발달도 성취하지 못하는 거짓수용의 쳇바퀴에 스스로를 가두게 될 것이다.

앞서 위니캇의 이론에서 언급되었듯이, 유아가 절대적 의존기에 경험하는 전능 환상은 정신 발달에서 필수적인 과정이다. 이 과정에서 엄마의 일차적 모성 몰두는 유아의 필요를 예민하게 감지하고, 엄마는 유아의 본능 욕구와 자아 욕구를 유아가 원하는 시간에 원하는 정도와 방식으로 충족시켜 준다. 이와 같은 만족스러운 경험의 축적을 통해 유아는 엄마에 대한 믿음을 확립하게 되고, 이것은 궁극적으로 좋은 대상의 내재화로 이어진다. 절대적 의존기에서 점진적 돌봄의 실패가 일어나는 상대적 의존기로 넘어가는 과정에서, 좋은 대상의 내재화는 엄마의 부재에 대한 불안을 견뎌냄과 동시에 욕구 충족의 지연도 소화해낼 수 있는 능력의 원천이 된다. 위니캇에 의하면 상대적 의존기의 유아에게는 기계적으로 완벽한 돌봄이 중요한 것이 아니라, 유아 존재의 연속성을 깨지 않는 일관성 있는 돌봄이 중요하다. 그러기 위해서 엄마 또한 자기 자신으로 존재하는 사람이어야 하며, 이는 곧 엄마의 홀로 있을 수 있는 능력을 의미한다. 위니캇은 발달과정에서 점진적 좌절에 적응하는 유아의 능력은 저절로 생기는 것이 아니라고 강조한다. 그는 절대적 의존기를 지나서도 유아의 전능환상을 충족시키는 엄마의 마술적 돌봄 즉, 기계적 완벽함은 유아의 대상관계 기초 형성을 방해한다고 말한다. 그러므로 유아는 점진적 좌절 경험을 통해서 엄마에게 자신의 욕구를 표현할 수 있는 능력을 키우고 스스로의 전능 환상을 포기하게 된다.[62)]

유아가 점차 전능 환상을 포기하였다고 할지라도 성인이 된 이후 전능 환상이 없는 것은 아니다. 클라우스 슈밥은 제4차 산업혁명이 본격적으로 도래하기 시작하면 사라지는 많은 직업을 언급하면서 제4차 산업혁명으로 대체될 수 없는 직업 중에 하나가 엄마라고 한다. 위니캇은 ***기계의 완벽함과 인간의 사랑이 서로 다른*** 것들이기 때문에 인간인 엄마는 실패하고 또 실패한다고 주장한다. 그러나 이러한 엄마의 실패는 유아에게 엄마의 사랑과 존재를 의사소통하기 때문에 아기의 성공적인 적응에 필수적이라고 말한다.[64)] 그러므로 엄마가 기계적으로 완벽하게 적응해주는 돌봄이 육아의 핵심이 아니라, 유아의 자아 욕구를 충족시켜 줄 수 있는 성숙된 인격의 안아주기가 육아의 핵심이라는 것을 생각해볼 때, 클라우스 슈밥의 예측은 충분히 타당하다. 그러나 엄마가 기계에 의해 대체될 수 없다는 것을 이론적 설명 없이 직관적으로 인정하면서도, 우리는 한 때 엄마가 제공하였던 전능환상의 충족 경험을 기계에서 찾으려는 움직임을 보이고 있다. 이에 알맞은 예시로는 제4차 산업혁명의 중심이 되는 사물인터넷IoT, Internet of Things이 있다. 이 기술의 핵심은 우리 주변의 모든 물건들이 인터넷을 기반으로 연결되는 것이다. 사물인터넷과 같은 기술은 문헌연구에서 언급된 유비쿼터스 컴퓨팅의 개념을 도입한 것인데, 우리가 사용하는 모든 사물을 컴퓨터화하는 이 기술에 한국뿐만 아니라 세계 각국이 산업경쟁력 강화를 위한 핵심과제로 앞 다투어 투자를 하고 있는 실정이다.[65] 사물인터넷과 관련된 또 다른 기술에는 앰비언트 컴퓨팅Ambient Computing도 있다. 이 기술은 사용자의 생활패턴 데이터를 축적하고 분석하여 획득한 정보로 사용자에게 편의를 제공하는 개인비서 기능에 활용된다. 클라우스 슈밥에 의하면 앰비언트 컴퓨팅 기술이 탑재된 기기들은 우리의 요청 없이도 우리의 요구를 예측하고, 필요한 순간 우리를 도우면서 점차적으로 인간 생태계의 일부로 자리 잡게 될 것이라고 예측하였다. 말하지 않아도 우리의 필요를 감지하고 제공하는 기술을 우리가 사용하는 모든 사물에 설치하려는 이 움직임의 기저에는 우리의 전능 환상을 충족시켜줄 존재에 대한 갈망이 깔려 있다고 볼 수 있다. 바로 여기에서 절대적 의존기에 초기 전능환상을 재현하고 좌절을 겪고 싶지 않은 우리의 모습이 나타난다.

그렇다면 우리의 필요가 이와 같은 4차 산업혁명의 과학 기술로 모두 충족될 수 있는지 의문을 가져볼 필요가 있다. 과연 수집된 정보에 의거한 기계적 돌봄이 초기 대상관계에서 발휘되는 엄마의 일차적 모성 몰두를 대체할 수 있을까? 최근 한국 기상청은 550억 원의 슈퍼컴퓨터 도입과 2016년에는 4000억 원이 넘는 예산에도 불구하고 너무나도 낮은 예측율로 인해 ***오보청***이라는 비판을 받았다. 세계 최첨단 장비와 기술의 도입에도 불구하고 기상청이 그 역할을 수행해내지 못하는 것에 대한 비난에는 슈퍼컴퓨터가 이름 그대로 최고의 수학적 계산을 토대로 자연의 모든 변수를 반영할 수 있다는 환상이 있는 것이다. 그러나 현실은 그렇지 않다. 기상 전문가들에 의하면, 날씨 예보의 정확도는 두 가지 요소에 의해 좌우된다. 하나는 수치예보모델(일기 현상을 방정식으로 구현한 소프트웨어)[66]을 기반으로 한 결과값이며, 다른 하나는 그 결과값을 분석하는 예보관의 능력이다. 그러나 기상예보에 결정적 두 가지 요인 중 하나인 슈퍼컴퓨터가 최종 예측에 기여하는 비중은 40%에 불과한 것으로 알려져 있다. 슈퍼컴퓨터는 기상을 최종적으로 예측하는 기능을 가지고 있는 것이 아니라, 수치예보모델에서 결과값을 최대한 빠르고 정확하게 산출하기 위해 사용되는 도구에 불과한 것이다. 기상 전문가들은 기상예보에서 수학적 계산보다 더 결정적으로 중요한 것은 유능한 예보관의 정확한 해석이라고 주장한다.[67] 예보관이 수치예보모델의 결과 값을 가지고 최대한 정확한 해석을 내리기 위해서는 수년간의 경험을 통해 축적된 전문성이 필요하다. 그러나 우리나라 기상청의 예보관들은 순환보직으로 인해 2-3년에 한 번씩 담당 분야가 바뀌기 때문에 한 분야에서의 전문성이 축적되기 어려운 것이 현실이다. 이러한 이유로 높은 정확성을 갖춘 해석이 나오기 어려운 시스템적 한계가 분명 존재하는 것이다.[68] 결국, 인간의 경험에서 축적된 노하우가 최종 예측을 위한 **해석**을 담당하고 기계의 사용범위는 결과값을 빠르고 정확하게 계산해주는 기능에 국한된 것이다. 그럼에도 불구하고 빅데이터를 기반으로 하여 인간의 필요를 예측하는 기술의 계산적인 기능에 지나친 전능환상을 부여하고 있는 것으로 보인다.

이에 대한 또 다른 예시로 스마트 인공젖꼭지smart pacifier를 이야기해볼 수 있다. 스마트 인공젖꼭지는 빅데이터와 사물인터넷의 기술이 적용된 부착형 인터넷wearable internet 상품이다. 인공젖꼭지에 달린 센서는 아이의 체온, 호흡, 입속 보습 상태, 그리고 수면, 수유 시간과 같은 정보들을 수집하고 분석하여 아이가 지금 무엇을 필요로 하는지 엄마의 스마트폰에 전달한다. 이와 같은 첨단 기기의 등장에도 소아과의사 슈Dr.Shu는 엄마가 스마트폰에 전달되는 정보에 전적으로 의존할 것이 아니라 아기의 상태에 따라 참고하는 수준으로 사용될 필요가 있다고 경고한다.[69] 이러한 기술에 전적으로 의존하다보면 아기를 알기 위해 엄마가 아이를 바라보는 것이 아니라, 스마트폰을 들여다보는 현상이 발생하게 되는 것이다. 위니캇에 따르면, 엄마는 유아의 초기 자기를 반영하는 대상이기 때문에 유아는 엄마의 얼굴을 보면서 ***자기 자신을 본다.*** 그는 이러한 상호 의사소통이 아이에게는 긴급한 욕구이기 때문에 엄마에 의해 반영되지 않는 것은 유아에게 재앙이라고 지적한다.[70] 연구자는 아무리 정교한 과학 기술이 탑재된 기계라 할지라도 컴퓨터가 제공할 수 있는 기계적 돌봄은 결코 엄마가 유아에게 제공하는 돌봄과 비교될 수 없다고 본다. 엄마의 돌봄에는 축적된 육아지식만이 아니라, 아기를 향한 엄마의 직관과 감각적 경험(피부접촉을 통한 체온의 전달, 목소리 그리고 얼굴표정) 같은 수많은 섬세한 형태의 사랑이 포함된다. 그러므로 엄마의 돌봄은 분명히 컴퓨터가 제공하는 기계적 완벽성과는 질적으로 차이가 있으며 위니캇의 말대로 육아에서의 ***완벽함은 무의미하다***고 볼 수 있다.[71]

이러한 질적 차이는 굳이 엄마와 유아 관계가 아니라 인간과 인간 사이의 상호작용과 인간과 로봇사이의 상호작용에서도 볼 수 있다. 우리는 서로의 필요를 무의식적으로 **감지**하고 분석하는데 반해, 기계는 사람 간에 오고가는 미묘한 정서적 의사소통에 참여할 수 있는 능력을 가지고 있지 않으며 이것은 인간만이 서로에게 제공해줄 수 있는 능력이다. 이러한 인간만의 고유한 정서적 능력과 경험에서 배우는 능력이 과소평가되고 기계의 기술적 능력이 과대평가될 때, 우리는 삶에서 진정으로 필요한 것이 기계적 정확성과 완벽성, 편리함 그리고 즉시성이라는 착각에 빠지게 된다. **말하지 않아도 내 마음을 알아주면 좋겠다**라는 심리의 이면에는 과학 기술의 시대적 흐름에 의해 자극되는 우리의 전능 환상이 있다는 것을 인지하게 된다면, 우리는 아마도 인생에서 진정으로 우리에게 필요한 것이 무엇인지에 대해 심사숙고하게 되지 않을까?

환상세계를 이야기 할 때, 그에 따른 우리의 인지능력을 생각해볼 수 있다. 90년대를 강타하였던 소설 해리포터 시리즈는 책을 멀리하던 아이들이 밤을 지새우며 각 시리즈마다 300페이지를 훌쩍 넘는 분량의 책을 완독하게 하는 놀라운 현상을 만들어냈다. 이 책이 독자들에게 선사하였던 가장 큰 즐거움은 이야기 속의 상황과 인물에 대한 문학적 묘사와 표현을 각자의 상상세계에서 해독하고 시각화하는 작업이었다. 최초로 이야기를 글로 옮기는 작업은 작가에 의해 이루어지지만, 글을 읽으면서 이야기를 이미지화 해내는 작업은 독자의 몫이라는 점에서, 문학작품은 작가와 독자가 함께 창조해내는 작업이라고 말할 수 있다. 따라서 작가 못지않게 독자 또한 하나의 작품세계 이미지화를 통해 큰 성취감을 경험하게 되는 것이다. 그러나 TV의 등장을 시작으로 우리는 이미 타인에 의해 만들어진 시각적 이미지를 제공받는 것에 익숙해진 삶을 살고 있다.

클라인에 따르면 아동 분석에서 장난감을 사용한 아이들의 놀이는 성인 분석에서 보고되는 꿈에 해당되기 때문에 아동의 놀이에 대한 해석은 꿈의 해석과 같은 의미를 갖는다. 그녀는 아이들이 놀이를 통해 자신들에게 장난감이 갖는 상징적 의미를 표현하기 때문에, 지나치게 정교화된 장난감은 아이들이 자신만의 상상력을 발휘하여 상징성을 부여하는 활동을 방해한다고 하였다.[72] 그래서 그녀가 분석에서 사용한 장난감은 아이들의 환상세계가 작동할 여지를 줄 수 있도록 덜 정교화된 형태를 가지고 있다. 3차 산업혁명을 거쳐 4차 산업혁명에 진입하고 있는 지금, 일상생활에서 우리가 접하는 기기들의 성능이 정교해지면서 그것들이 우리에게 주는 자극의 정도 또한 더욱 세밀해지고 강렬해지고 있다. 앞서 이야기된 것과 같이, 현실에서의 경험이 환상 세계를 풍부하게 하는 기능을 가지고 있다고 할 때, 우리가 고려해야 할 중요한 요소는 그 경험이 주는 외부 자극이 (그것이 어떠한 형태의 자극이든지 간에) 우리의 환상 속

활동을 촉진시키는가 아니면 퇴화시키는가이다. 경험하는 자극의 형태가 이미 너무 정형화되어 있다면, 우리가 우리의 환상세계를 작동시켜서 작업할만한 내용물이 남아있지 않게 된다. 결과적으로 지나치게 완전한 형태의 시각적 이미지는 우리의 환상세계 활동을 제한하며, 우리의 창조성이 발휘될 수 있는 그리고 발전될 수 있는 기회를 박탈할 우려가 있다.

시각적 자극이 환상세계에 끼치는 영향은 창조성뿐만 아니라 불안을 견디는 소극적 능력과도 연관되어 있다. 시각적 자극은 나머지 다른 네 가지 감각기관을 통한 자극보다도 정보의 처리가 빠르게 이루어지는 만큼 생물학적으로도 인간에게 선호되는 감각자극이다. 예를 들어 화재가 발생했을 때 우리가 화재현장을 목격하는 것만으로도 상황대처를 위해 필요한 대부분의 정보를 파악할 수 있다. 반면에 화재현장에서 타는 냄새만을 맡게 된다면 화재를 진압하기 전에 불이 어디에서 나고 있는지에 대한 추가적인 조사가 이루어져야 한다.[73] 결국 시각은 그 외에 다른 청각, 후각, 촉각, 그리고 미각보다도 상황에 대해 훨씬 더 완전한 수준의 정보를 제공하기 때문에 우리의 불안을 빠르게 잠재워준다. 그에 비해 다른 감각을 통해 획득된 정보들은 완전한 상황 판단을 위해 불충분하기 때문에, 그 시간적 간격 사이에 올라오는 불안을 감당할 수 있는 능력이 요구된다. 디지털 산업이 무엇보다 중점을 둔 기술은 대부분 시각적 정보를 제공하는 기술과 관련이 있는 이유 또한 이것과 연결될 수 있다. 오늘날 정보 사회의 기본 구성물 중에서 가장 중추적인 역할을 하는 인터넷은 사용자에게 시각 이외의 다른 감각들을 통한 정보 입력을 제한하고 시각적 정보만을 일차적으로 제공한다. 결국 나머지 감각들은 정보 탐색에서 시각을 기준으로 조율되어 사용될 뿐이다.[74] 4차 산업혁명에서 스마트 글래스smart glass[75]와 같은 기술 또한 정보를 주고받고 그에 반응하는 기본적 감각을 시각으로 제한한 기술 중 하나이다. 그 이유는 기술의 사용에서, 시각만큼 정보처리 과정을 즉각적이고 직접적으로 수행하는 감각이 없기 때문이다.[76]

디지털 시대 이전에 비해 일상생활에서 우리에게 유입되는 시각적 자극은 포화 수준에 이르렀다. 그것은 즉, 우리가 평상시에 상황 판단을 하는데 있어서 불충분하게 확보된 정보로 인해 불안을 감당해야 할 상황들이 줄어들었다는 것을 의미한다. 비온은 유아가 초기 관계에서 엄마가 잠시 자리를 비웠다가 다시 돌아오기까지 엄마의 부재를 견딜 수 있는 능력의 중요성에 대해 이야기한다. 비온은 이러한 좌절을 견디는 능력 즉, 유아의 소극적 능력negative capability이 초기 대상관계에서 엄마의 알파-기능을 내재화하는데 큰 역할을 한다고 말한다. 그는 소극적 능력이 좌절을 감당할만한 충분한 힘이 있기 위해서는 엄마의 일관성 있는 돌봄을 통해 유아가 엄마에 대한 신앙Faith을 형성해야 한다고 주장한다. 알파-기능과 마찬가지로 소극적 능력 또한 성인이 되어서도 끊임없이 발달시켜야하는 중요한 능력 중에 하나이다. 그러나 어릴 때부터 압도적으로 많은 시각적 형태의 정보에 노출됨에 따라 우리는 소극적 능력을 훈련할 수 있는 기회를 박탈당하고 있다고 볼 수 있다. 기술적 기능에서 빠른 속도 즉, 시각적 정보 유입을 선호하는 것에는 우리의 욕구가 지연 없이 즉각적으로 충족되길 원하는 소망이 드러나며 이것은 또 다시 우리에게 비온이 말한 소극적 능력이 얼마나 부족한지를 보여준다. 불안을 가장 빠르게 잠재워주는데 최적화된 기술의 발달이 우리의 소극적 능력을 대체함으로 인해 홀로 불안을 견뎌내는 우리의 능력은 퇴화되고 있는 것이다.

시각적 형태의 정보유입에 의존하는 우리의 경향과 그것이 우리의 환상세계에 미치는 영향을 또 다른 방식으로 설명하기 위해, 환각과 환상의 차이점이 논의될 필요가 있다. 비온은 환상과 환각의 변형과정을 구별하는 것이 중요하다고 강조한다. 앞서 언급되었듯이 그는 환상이 소화되지 않은 감각 인상(베타-요소)을 알파-요소로 변형시켜 자신만의 이야기로 엮어내는 알파-기능을 담당한다고 하였다. 반면에 환각은 베타-요소들을 외부로 비워내고 축출하는 행위이며, 유아가 생의 초기에 엄마의 일시적 부재 상황에서 환각을 사용하여 엄마 없는 텅 빈 상태를 채우려는 시도를 한다고 보았을 때, 이것이 우리 모두에게 내재화된 경향성이라고 한다. 결국 환상은 개인의 알파-기능으로서 감각 인상의 의미를 재해석하는 성숙한 기능인 반면, 환각은 당장의 생존에 초점을 맞추어 스스로의 불안을 축출하는 미성숙한 기능이라고 볼 수 있다.[77] 그러므로 비온이 사물-없음, 텅 빈 상태라고 표현한 상황에서 우리가 대상의 귀환에 대해 불확실성을 견딜 수 있는 소극적 능력을 사용하지 못한다면, 우리는 좌절을 견디지 못하고 환상이 아닌 환각을 통해 우리 자신의 불안을 축출하게 된다.[78] 환상을 대신하여 환각이 반복적으로 사용된다면, 유아는 좌절을 견디는 소극적 능력을 끝내 발달시키지 못하게 될 것이며, 대상이 다시 돌아올 것이라는 관계에서의 신앙 또한 형성하지 못하게 될 수 있다. 따라서 제4차 산업혁명의 극대화된 시각화 기술 발달의 기저에는, 대상의 상실에 대한 불안을 견디지 못해 환각적 변형에 의존하고 싶은 우리의 무의식적 소망이 담겨있다는 해석이 가능하다. 또한 서로의 의사소통에서 시각적 이미지를 남용하는 것은 서로에게 환상을 사용할 수 있는 기회를 박탈하며 환각을 사용한 축출을 암묵적으로 장려한다고 볼 수 있다.

환각의 사용을 지양해야 하는 가장 큰 이유는 우리의 생각할 수 있는 능력과 관련이 있다. 성공적인 베타-요소의 알파화는 우리의 사고가 ***생각***할 수 있는 능력이 발휘될 수 있도록 우리를 불포화 상태로 인도한다. 그에 반해 환각의 변형은 베타-요소를 알파화하지 못하기 때문에, 소화되지 않은 감각인상들로 우리의 사고가 포화된다. 결과적으로 우리의 사고는 생각할 수 없는 무능력한 상태가 되고 만다. 환각의 남용에 대한 예시로 이모티콘의 사용을 이야기해 볼 수 있다. 이미 전자기기를 사용하여 서로에게 정보 전달을 하고 있는 상황에서 생각하기를 위해 우리에게 남아있는 언어적 기능을 이모티콘이 대체하는 것을 목격하고 있다. 우리의 감정과 사고가 생각하기를 통해 언어화되는 과정은 고도화된 작업이다. 이를 생략하고 감각적으로 자신의 느낌에 부합되는 이미지를 골라 상대에게 전달하는 행위는 환상보다도 환각의 사용에 의존하고 있다고 볼 수 있다. 이렇듯 시각적 자극을 선호하는 우리의 경향에 맞추어 과학기술이 압도적으로 많은 양의 시각적 자극을 제공하는 상황에서, 우리는 쉼 없이 쏟아져 유입되는 시각적 자극을 소화할 수 있는 시간적 여유 또한 없다. 결과적으로 시각화되어 유입되는 정보들만을 사용하도록 디지털 기술이 구축해놓은 시스템 속에서, 우리는 의미의 재해석을 거쳐 가는 **생각하기**가 아니라 유입된 이미지 형태 그대로의 배출을 장려하는 프로젝터projector의 역할로 우리의 정신기능을 약화시키고 있는 것으로 보인다.

2. 제4차 산업혁명이 대인관계에 미치는 영향

생애 초기부터 개인의 대상관계는 환상 속에서 이루어지기 때문에 외부 대상과의 초기 경험은 우리의 무의식적 환상에 커다란 영향을 미치며, 무의식적 환상 또한 우리의 대인관계에 지대한 영향을 미치는 순환적 관계에 있다. 어떠한 형태에서든지 관계를 포함하지 않은 경험은 우리의 삶 속에 존재하지 않기 때문에 우리 경험의 질은 대상관계에 달려있다고 볼 수 있다. 그리고 우리의 환상세계는 많은 부분 대상관계에서의 경험을 바탕으로 발달하고 변형되어가기 때문에, 대인관계를 통해 우리는 서로의 환상세계를 의식적으로 또는 무의식적으로 탐색할 수 있다. 그렇다면 최근 우리의 삶 곳곳에서 제4차 산업혁명으로 인해 나타나는 여러 가지 크고 작은 변화들이 우리의 대인관계에 어떠한 영향을 미치고 있는지 살펴보겠다.

20년 넘게 과학기술이 인간관계에 끼치는 영향을 연구한 MIT 교수 셰리 터클Sherry Turkle은 인터넷이 등장했던 90년대에 가상 세계에서의 관계를 통해 현실세계에서 우리의 관계가 더 나아질 것이라 기대했다.[79] 그러나 그녀의 예상과는 달리 우리는 가상 세계에서 일정 시간을 보내고 현실로 돌아와 사람들과 관계하는 것이 아니라 오히려 현실의 인간관계에서 철수하고 기계와의 관계를 선호하는 양상을 보이고 있다. 가상현실의 경험이 현실세계에서의 진짜 경험을 대신할 수 없듯이, 기계와의 관계는 대인관계를 결코 대신할 수 없음에도 불구하고 이러한 현상이 점차 확산되어가고 있다. 그렇다면 기계와의 관계가 우리에게 무엇을 선사하기에 이러한 일이 일어나고 있는 것일까?

터클 교수에 따르면 기기를 사용하여 우리가 관계에 대해 갖게 되는 첫 번째 환상은 기기만 있다면 우리가 절대 혼자 있을 일이 없을 것이라는 믿음이다. 그녀는 신호등을 기다리는 그 찰나에도 스마트폰을 꺼내지 않는 사람을 찾아보기 힘들다고 말한다.[80] 인간은 본능적으로 대상을 추구하는 존재이며, 대인관계 능력은 오랜 시간동안의 시행착오를 거쳐서 발달되는 고도의 능력이다. 이와 관련해서 위니캇은 홀로 있을 수 있는 능력이 정서적 발달에서 가장 중요한 성숙의 지표 중에 하나라고 말한다. 그러나 일반적으로 생각하는 것처럼 홀로 있을 수 있는 능력은 말 그대로 **홀로** 있을 수 있는 능력이 아니다. 위니캇의 홀로 있을 수 있는 능력은 생의 초기에 외부와 내부가 구별되는 **나는 이다**의 시기를 거쳐 유아가 **나는 혼자다**라는 단계에서 엄마와 함께 있되, 자유롭게 혼자만의 고독을 즐길 수 있는 상태이다. 위니캇은 홀로 있을 수 있는 능력을 성취하기 위해서는, 엄마가 유아의 존재의 연속성을 침범하지 않는 동시에 유아의 미성숙한 자아를 대신하여 그의 불안을 안아줄 수 있는 안정적인 자아-지원을 제공해야한다고 주장한다. 이처럼 엄마의 현존 속에 홀로 있는 반복적 경험을 통해 유아는 엄마의 일시적인 부재에도 엄마가 곧 돌아올 것이라는 믿음을 가지게 된다고 위니캇은 말한다. 그는 엄마 또한 홀로 있을 수 있는 능력을 갖추어야 한다고 강조한다. 엄마가 아이와 단 둘이 있을 때에 자기 자신으로서 홀로 있을 수 있다면, 유아는 엄마의 성숙한 자아를 내재화하여 물리적으로 엄마가 없을 때에도 자신의 내부에 존재하는 엄마와 함께하며 홀로 있을 수 있는 능력을 성취할 수 있다고 한다. 그러나 홀로 있을 수 있는 능력은 초기 유아기에 성취로 끝나는 것이 아니다. 위니캇의 홀로 있을 수 있는 능력에 비온의 알파-기능을 접목시켜 본다면, 엄마와의 초기 대상관계에서 투사적 동일시를 사용하여 엄마의 알파-기능을 내사한 유아는 홀로 있는 순간에 올라오는 불안 즉, 베타-요소를 스스로 알파화시킬 수 있는 능력을 성취한 것이다. 그러나 우리가 삶에서 노출되는 불안의 수준이 항상 우리의 알파-기능 수준에 일치할 수는 없다. 때때로 우리는 우리 자신의 알파-기능이 감당할 수 없는 수준의 불안과 두려움을 마주하지만, 그에 따른 고통과 좌절의 경험을 통해 한 단계 성숙한 알파-기능의 성취를 이루어낼 수 있다. 이 과정에서 무의식적 그리고 의식적 노력이 요구되어 힘겹지만, 동시에 이와 같은 좌절의 경험은 우리의 정신건강을 위한 필수 과정이라 볼 수 있다. 그러나 산업 발달 속에 우리의 일상생활에서 사용되는 전자기기들은 앞서 환상에서 언급되었듯이 우리가 경험하는 불안보다 더 강렬한 수준의 자극으로 우리의 정신을 포화시켜 우리의 사고를 마비시킨다.

제4차 산업혁명 기술들이 무의식적으로 우리의 불안을 감소시키기 위해 남용될 경우, 우리는 홀로 있을 수 있는 능력을 갖추기 위한 훈련을 소홀히 할 수 있다. 터클 교수는 우리가 홀로 있는 고독의 시간은 우리가 다른 사람들에게 하나의 인격체로 나타날 수 있기 위해 우리 자신을 회복시키는 시간이라고 하였다.[81] 그녀가 이 고독의 시간을 중요하다고 생각하는 이유는 우리가 이 시간을 스스로에 대해 사색하고 성찰하는 시간으로 활용할 때 자신에 대해 더 잘 알 수 있기 때문이다. 우리가 자신에 대한 통찰의 깊이를 더할수록 스스로가 어떤 사람이고 무엇을 원하는지를 인식할 수 있기 때문에 대인관계에서 투사적 동일시를 남용하지 않고 상대방을 있는 그대로 받아들일 수 있게 된다. 결과적으로 홀로 있는 시간의 사색은 우리로 하여금 자신의 내면과 접촉할 수 있는 기회를 제공하여 우리가 자기 자신과의 건강한 관계를 수립할 수 있도록 도와준다. 즉, 자기 모습

그대로 편안하게 존재하는 엄마가 아기에게 안정적인 현존을 제공할 수 있는 것처럼, 자기 자신과 성숙하게 관계할 수 있는 사람이 타인과의 건강한 관계를 형성해 나갈 수 있는 것이다.

『감옥으로부터의 사색』은 고(故) 신영복 교수가 20년의 수감생활 동안 가족에게 쓴 편지들을 엮은 책이다. 위니캇은 홀로 있을 수 있다는 것이 단순히 물리적 고립을 의미하는 것이 아니며, 감옥의 독방에서조차도 정서적으로 홀로 있을 수 없는 사람들이 있다고 말한다.[82] 신영복 교수의 편지들은 위니캇의 정서적으로 홀로 있을 수 있는 능력의 표본이 되며, 그가 진정으로 홀로 있을 수 있는 능력을 갖춘 인물이라는 것을 보여준다. 신영복 교수가 20년의 세월을 독방에서 보낸 것은 아니었지만, 수감 생활 중에 홀로 사색하는 시간 동안 쓴 그의 편지들에서 그가 얼마나 끊임없이 자신과의 대화를 시도하였는지 알 수 있다. 이러한 예시를 생각할 때, 수감 중에 있었던 신영복 교수보다도 오히려 온갖 기기들에 묶여 생활하는 우리가 감옥에 있는 것으로 보인다. 기계는 아무리 성능이 뛰어나다고 할지라도 우리와 공명이나 공감할 수 있는 인생의 경험이 없으며 알파-기능을 가진 환상이 아닌 축출하는 환각기능을 사용하기 때문에 우리에게 신영복 교수와 같은 대상이 되어줄 수 없다. 그럼에도 우리가 기계와의 만남 그리고/또는 기계를 통한 만남을 선호하는 이유는, 관계에서의 목적이 궁극적 진실에 도달하기 위한 통찰의 경험이 아니라 관계의 통제에 있기 때문이다.

페이스북, 인스타그램, 트위터 같은 소셜 네트워크 서비스

Social Network Service, SNS들은 온라인에서 우리의 인적 네트워크 형성을 위한 사이버 공간을 마련해 주고 있다. 제4차 산업혁명에서 초연결성의 대표가 되는 SNS를 통해 많은 사람들은 시공간의 구애를 받지 않고 활발한 인맥을 형성하고 있다. 그러나 SNS에서 관계를 맺는 방식을 살펴보면, 이러한 관계들이 얼마나 철저하게 개인의 통제 하에 이루어지는지 알 수 있다. 터클 교수는은 SNS와 같은 온라인 서비스가 심리적으로 너무나 강력하게 작동하여, 우리의 행동뿐만 아니라 우리의 존재 방식까지 바꾸고 있다고 말한다. 그녀는 우리가 SNS에 철저하게 편집된 사생활을 공유하면서 자신의 존재감을 성립하는, **나는 공유한다 고로 존재한다**(I share therefore I am)의 양상을 보인다고 말한다. SNS의 가장 큰 특징은 사용자가 관계를 하고 싶을 때, 나누고 싶은 만큼, 원하는 방식으로 상대방과 접촉할 수 있다는 것이다. 실제 면대면의 인간관계에서는 가능하지 않은 수준의 이러한 통제가 사람들이 오프라인에서보다 온라인상의 관계를 선호하는 가장 큰 이유라고 말할 수 있다. 관계를 통제함으로서 SNS 사용자들은 상대방과 전체 대상관계가 아닌 부분 대상관계를 하게 되는 것이다. 오프라인상의 만남은 제한된 사람들과 상호간에 신원을 밝히고 약속을 하여 만나는 경우가 대부분인 반면, 온라인상의 만남은 수많은 사람들과 익명으로 벌어지기 때문에 부분 대상관계는 자신을 보호하기 위한 하나의 바람직한 방법이 될 수가 있다. 결국 모순적으로, 오프라인에서와 같은 신뢰의 성립이 불가능한 환경에서 서로 관계를 맺게 되기 때문에, 온라인상의 만남은 더욱 강력한 통제권을 필요로 한다. 그러나 이러한 신변 보호의 목적을 넘어서는 관계에서의 강력한 통제권이 개인에게 주어지기 때문에, 사람들이 온라인상의 부분 대상관계를 선호하는 것으로 보인다. 그렇다면 오프라인에서의 관계는 어떠한가? 터클 교수는 현실에서의 인간관계는 풍요롭고rich, 정리되어 있지 않으며messy, 지나치게 요구하는 바가 많다demanding고 한다. 그녀는 사람들은 온라인상의 관계에서 온라인에 드러나는 자신의 모습을 깔끔하게 편집하고 손질하는 기술에 심취해 있다고 말한다. 내가 보이고 싶은 부분만 내가 원하는 때에 원하는 방식으로 드러내는 우리의 제한적인 방식에서 과연 우리는 진실된 관계를 할 수 있을까? 터클 교수는 우리가 말을 더듬고, 말하기를 망설이고, 단어를 잃어버리는 불완전한 순간들 속에서 참된 우리의 모습이 드러난다고 말한다.[83)]

클라인에 따르면 개인의 자아 발달은 계단식의 단계적 과정을 거쳐 가는 것이 아니라, 평생 편집-분열적 자리와 우울적 자리 사이의 변동oscillation을 통해 일어난다. 그녀는 또한 나와 대상의 구분이 없는 유아의 초기 관계는 무의식적 환상 속에서 투사적 동일시를 통해 이루어진다고 본다. 그녀가 초기 외부 대상의 역할이 무의식적 환상 속에서 유아의 내적대상 형성에 기본적 틀을 제공한다고 보았지만, 역동의 주체적인 역할은 유아의 타고난 무의식적 환상에 달렸다고 본다. 그녀는 초기 유아의 자아가 편집-분열적 자리에서 죽음본능을 사용하여 외부 대상에게 나쁜 부분을 투사하고, 생명본능을 사용하여 자신과 내부 대상에게 좋은 부분을 투사한다고 한다. 투사적 동일시를 사용한 대상과 자아의 분열은 하나의 방어기제로서 생애 초기에 박해 받는다고 판단하는 경험들(i.e. 배고픔)로부터 취약한 자아를 지키기 위한 필수적인 발달 과정이다. 클라인은 유아의 투사가 부분적일 뿐만 아니라 때때로 자신의 전체를 대상 안으로 투사할 수 있다고 한다. 이와 같은 내적 역동은 자신의 불편한 부분을 제거하고 대상을 차지함으로써 대상을 조종하고 내적 갈등을 피하는 목적을 가지고 있다. 동시에 분열된 자아로 인해 유아는 자신의 나쁜 부분들이 투사된 박해자들이 자신의 좋은 부분과 이상화된 내부 대상을 파괴할지에 대한 편집적 불안을 경험한다.[84] 온라인상의 관계에서 자신의 모습을 편집하고 수정하여 이상화시키고 자신의 좋은 모습만 공유하는 행위는 자신의 거북한 부분을 제거하고 대상의 좋은 부분만을 차지하는 편집-분열적 자리의 유아와 유사하다. 클라인의 이론에 따르면, 부분대상 관계를 하는 사람들은 자신의 내부에 갖는 스스로에 대한 이미지조차 통합되지 않은 단계에 있다. 외부에서 보는 자신은 지나치게 이상화되고, 내부로 숨겨지는 모습은 지나치게 폄하된 형태로 느끼기 때문에, 자신이 이상적이라고 생각하는 모습이 아닌 부분을 보여주는 것에 대한 두려움이 지나치게 크다고 볼 수 있다. 결과적으로, 관계 속에서 편집되고 수정되지 않은 자신의 부분을 드러내는 것은 사용자의 박해불안을 자극한다. 또한 대인관계에서도 부분적인 모습들만 볼 수 있기 때문에 상대방을 향한 지나친 이상화나 도를 넘는 평가절하를 하기 쉽다. 외부 대상의 좋은 돌봄 속에서 유아는 투사된 대상을 다시 내사하는 과정을 통해 자신의 내적 구조를 건설해나가고 통합을 향한 발걸음을 내딛는다고 클라인은 말한다.

온라인상의 부분 대상관계는 자신의 참자기를 드러내는 것에 대한 박해 불안을 자극하고 극대화시키기 때문에 사용자의 자아를 강화시키지 못하고 분열기제의 사용을 장려한다. 따라서 개인의 내재화 과정 또한 통합적이지 못하며 분열된 상태를 유지해줄 수 있는 선택적 내재화만 일어나는 것으로 보인다. 결과적으로 온라인상의 부분 대상관계 속에서 상호간의 진실된 접촉을 이루기는 힘들다고 볼 수 있다.

온라인상의 통제된 상호작용은 서로 상호간의 협의 하에 오고가기에 충분히 좋은 접촉이 아니라, ***내가 통제할 수 있는*** 만큼의 접촉이다. 셰리 터클은 이러한 행위의 기저에는 너무 가깝지도 멀지도 않은 심리적 거리를 성취하고 싶은 욕구가 깔려 있다고 한다.[85] 이러한 욕구를 충족하기에 오프라인에서의 관계는 너무나 예측 불가능하다. 대화나 행동이 어떠한 방향으로 흘러갈지 알 수 없는 상황들은 관계의 즐거움보다도 자신의 모습을 드러내는 것에 대한 불안과 두려움을 증폭시킨다. 현실 관계에서의 예측 불가능함에서 자연스럽게 발생하는 즉흥성을 즐길 수 있으려면 서로를 알지 못하는 시간 속에서 경험되는 불안과 두려움을 수용하고 견딜 수 있는 소극적 능력이 요구된다. 초반의 불안한 과정을 거쳐 진정으로 홀로 있을 수 있는 관계를 성취할 때, 우리는 성숙한 친밀감의 기쁨을 맛볼 수 있다. 그리고 성숙한 친밀감을 형성하기 위해서는 대상을 향한 통합적인 태도가 필요하다.

위니캇은 초반의 일차적 모성 몰두 이후에 점진적 좌절의 경험이 유아의 발달을 위해 필요하다고 한다.[86] 그리고 점진적 좌절 경험을 통해 유아는 이만하면 충분히 좋은 엄마라는 엄마에 대한 통합적인 태도를 가질 수 있게 된다. 위니캇은 절대적 의존기 이후에도 아이에게 완벽한 돌봄을 주는 행위는 아이를 위한 것이 아니라 엄마 자신의 완벽하고자 하는 욕망을 위한 것이라고 한다.[87] 그러나 완벽한 돌봄이란 현실적으로 가능하지도 않고 유아의 발달에 긍정적인 영향을 끼치지도 않는다. 우리가 온라인상의 관계에서 스스로에 대한 완벽한 이미지를 성공적으로 통제하고 있다는 것 또한 환상에 불과한 것이다. 우리가 타인의 정신을 지배하지 않는 이상, 그 사람이 온라인상에서 나의 모습을 내가 원하는 방식으로 받아들이도록 강요할 수는 없다. 결국 관계에서의 전능적 통제는 온라인이나 오프라인에서나 현실적으로 가능한 것이 아니다. 우리가 관계에서 필요한 것은 상호 간의 갈등을 통한 수용이다. 유아가 충분히 좋은 엄마에 대한 통합적 태도를 취하듯이 우리도 상대방을 향해 당신도 그 정도면 충분하다는 태도로 서로를 대할 필요가 있다. 기계를 통해 서로를 통제하는 것은 서로의 존재를 부인하는 것이다. 우리는 완벽하지 않은 서로와 소통하면서 서로의 불완전성을 수용하는 법을 배울 수 있어야 한다. 관계에서 서로 홀로 존재할 수 있다는 것은 상대방이 나에 대해 생각하고 느낄 수 있는 공간을 상호간에 제공함으로서 스스로의 불완전성과 상대방의 자율성을 존중해주는 것이다. 그러므로 대상과의 관계에서 철수하여 기계와만 관계를 맺거나 온라인상의 관계만을 고집한다면, 진정한 친밀감을 경험하지 못한 채, 고립된 생활 속에서 외로움과 만족스럽지 못한 관계 사이를 반복하게 될 것이다.

인간관계에서 공감을 형성하기 위해서는 여러 시행착오를 겪어야 한다. 아이들은 자신의 공격성을 서로에게 표현하고 자신의 말과 행동이 어떤 결과를 불러일으키는지 상대방의 반응을 목격하고 경험할 필요가 있다. 자신의 공격성으로 상처받은 대상의 반응을 보아야 대상에 대한 미안함 또한 경험할 수 있는 것이다. 클라인은 우울적 자리에서 유아가 자신의 공격으로 손상 입은 대상을 염려하는 경험을 하고 손상된 대상을 회복시키고자 하는 충동을 느낀다고 한다. 이 과정에서 유아는 대상이 자신과 융합된 존재가 아닌 독립적인 존재이며 좋음과 나쁨을 둘 다 가진 통합적 대상이라는 인식을 발달시키게 된다. 이러한 경험은 인생 초기 발달과정에서 중요하며, 편집-분열적 자리와 우울적 자리의 변동이 반복적으로 일어난다는 점에서도 중요하다고 볼 수 있다. 우리가 서로의 반응을 몸소 체험할 때 편집-분열적 자리를 넘어 대상에 대한 죄책감과 감사함을 느낄 수 있는 우울적 자리로 넘어갈 수 있다. 온라인상의 관계에서 우리가 스크린 너머 서로의 반응을 직접 체험할 수 없기 때문에, 투사적 동일시의 왜곡된 사용이 일어나기 쉽다. 오히려 온라인에서 자주 목격되는 갈등 속에서 우리는 자신이 대상에게 손상을 입혔다는 무의식적 죄책감을 부인하고 회피하는 방어적 언행을 볼 수 있다. 클라인은 유아가 우울적 자리에서 겪게 되는 죄책감의 고통을 피하기 위해 편집적 방어와 조적 방어를 사용한다고 한다. 유아는 대상에 대한 죄책감이 압도적으로 고통스럽게 다가올 때, 이 두 가지 방어들을 사용하게 된다. 편집적 방어에서 유아는 상처 입은 대상이 아니라 가혹한 처벌에 시달리는 자신에 대한 걱정과 염려로 죄책감을 변형시킨다. 이러한 방어기제를 사용하는 경우, 유아는 타인에 대한 끝없는 편집증적 비난과 불평을 표출하고 대상의 이미지는 통합이 아닌 분열을 반복하게 된다. 다른 한편으로 조적 방어에서 유아는 대상에 대한 평가절하를 통해 대상을 통제할 수 있다는 환상 속에서 죄책감을 전능감과 승리감으로 변형시킨다. 이 두 가지 방어기제가 온라인상의 갈등 관계에서 자주 사용되는 것으로 보인다. 온라인상의 관계는 적어도 또 다른 인격체와의 관계를 희망하는 모습을 보이지만, 제4차 산업혁명이 제공하는 기술 혁신을 통해 우리는 기계와의 관계를 희망하는 모습을 보이고 있다. 이러한 우리의 모습에서 비인격화된 대상과의 관계의 경우 대상에 대한 죄책감에서 발생하는 우울적 불안을 피하고 싶은 무의식적 소망이 있지 않을까 생각해본다. 우리에게 박해적 불안을 자극하지도 않고 우리의 공격성에 의해 상처받을 걱정을 하지 않아도 되면서 우리의 필요에 맞춰주는 기계를 꿈꾸는 우리의 자아가 얼마나 취약한지를 깨달을 필요가 있다고 생각한다.

위니캇에 따르면, 엄마가 아기 존재의 연속성을 침범하지 않고 무엇을 요구하지도 바라지도 않으면서 유아가 스스로의 불안을 감당하는데 필요한 자아-지원을 제공해줄 때, 유아는 홀로 있는 시간 속에서 참자기를 발달시킨다. 그러나 엄마의 반복적인 침범으로 인해 유아의 존재적 연속성이 깨진다면, 유아는 자신의 존재를 허락해주는 공간으로 철수하게 된다. 그리고 침범에 대한 반동으로 유아는 스스로를 보호하기 위해 거짓자기를 발달시키게 된다. 결국 유아는 자신의 참자기를 발달시키지 못하고 껍질의 연장으로, 즉 침범하는 환경의 확장으로 스스로를 발달시키게 된다. 거짓자기는 건강하고 유연한 사회생활을 위해 필요한 자기의 부분이지만, 거짓자기가 참자기를 숨기는 수준의 병리적 크기로 발달하게 되면, 장기간의 분석을 통해서도 참자기는 발견되기 힘들어지고 환자는 참된 자기의 부분과 접촉할 수 없게 된다고 위니캇은 말한다. 참된 자기의 부분은 혼자만의 시간 속에서 접촉될 수 있지만, 상대방에 의해 발견되기도 한다. 위니캇은 타인과의 관계에서 숨고 싶은 동시에 발견되고 싶은 인간의 양가적 감정이 존재한다고 한다. 그는 발견되고 싶지 않은 부분이 침범당해서도 안되지만, 친밀한 관계에서 참자기가 발견되지 않는 것 또한 재앙이라고 표현할 만큼 대상과의 상호작용에서 일어나는 참자기와의 접촉이 중요하다고 강조한다. 따라서 발견되지 못한 채 거짓자기만을 사용하여 관계를 맺는 사람들은 사회적으로 적응을 잘하는 것처럼 보일지 모르지만, 자신의 거짓자기가 참자기를 덮을수록 허무하고

공허한 느낌에 휩싸이게 된다.[88]

어디서든지 인터넷에 연결될 수 있는 사회에 살면서, 우리는 기술의 발전으로 형성된 초연결성에 대해 자부심을 갖는다. 그러나 역설적이게도, 이러한 경계 없는 초연결성으로 인해 우리가 외부 세계와 접촉하고 싶지 않은 순간까지도, 인터넷 연결망을 통한 외부세계로부터의 접촉은 끊임없이 일어난다. 우리가 모르는 사이에 여러 방식으로 우리의 정보가 빅데이터망에 수집되고 또한 그것을 통해 알 수 없는 경로로 우리에게 매일매일 발생하는 침범적인 접촉은 성인에게도 감당하기 힘든 수준에 도달하고 있다. 결국 우리는 좀 더 통제된 생활을 위해 발달시킨 기술로 인해 오히려 외부로부터의 접촉을 관리할 수 있는 자율성을 박탈당하고 있다. 이것의 역설은, 우리가 상대방과의 접촉을 통제하기 위해 개발하는 기계들에 의해 우리가 통제할 수 없는 압도적인 수준의 접촉이 가해지는 환경에 우리 스스로를 노출시키고 있다는 것이다. 그리고 그 악순환의 고리에서 우리는 해결되지 않는 외로움으로 고통 받고 있다.

프로이트는 피스터에게 쓴 편지에서 다음과 같이 말한다:

> 분석이 피분석자가 한 말들을 끌어 모으는 종합으로 가서는 안 되며, 특별히 중요성을 지닌 전이 상황에 대한 철저한 분석으로 가야 한다는 결론에 도달하게 됩니다. 그리고 분석이 이루어진 후에 전이 안에는 진실한 인간관계의 특성이 남으며, 또 실제로 그래야만 할 것입니다.[89]

이는 비단 분석적 관계에만 해당되지 않는 것으로 보인다. 관계에서 우리의 목적은 상대방의 말을 토씨 하나 틀리지 않고 정확하게 기억하고 수집하는 빅데이터의 기능을 수행하는 것이 아니다. 우리는 서로와의 상호작용에서 분석적 3자와 같이 새로운 것을 창조해내는 의미 있는 경험을 할 수 있어야 한다. 터클 교수는 아이를 잃은 할머니가 어린 아이 모습의 로봇과 의사소통하며 위안을 받는 모습이 자신의 커리어 인생에서 가장 가슴 아픈 모습이었다고 말했다. 로봇은 할머니의 대상 상실의 경험을 이해할 수 있는 그 어떠한 경험도 없으며, 인간이라면 누구나 마주하게 되는 죽음과 직면하지도 않기 때문에 그 할머니에게 진정한 위로를 줄 수 없다고 그녀는 말했다. 그녀는 우리 사회의 노인들이 로봇으로부터 얻는 것과 같은 거짓 위로가 아닌 살아있는 사람들로부터의 진정한 공감과 접촉을 받아야한다고 말했다.[90] 우리가 살아있는 인격체와의 관계에서도 로봇과 같이 기능하는 현실이 빅데이터로 고안된 정보 수집 수준의 관계를 지향하는 사회적 추세를 반영하고 있는 것으로 보인다. 관계에서의 좌절이 없는 완벽한 관계는 불가능하기에, 서로에게 기대조차 갖지 않는 관계적 태도는 인간관계에서 반영 받지 못하고 공감 받지 못해서 축적된 깊은 실망감과 체념이 녹아있는 것으로 보인다.

3. 제4차 산업혁명에서 쉼의 중요성

이미 언급한 바와 같이 연구자는 인간의 환상과 대인관계가 어떻게 제4차 산업혁명의 영향을 받고 있으며, 환상과 대인관계 둘 사이의 어떤 연관성이 있는지에 대해 탐색하였다. 환상은 현실 경험과의 상호작용을 통해 풍부해지고, 그 결과 현실에서의 경험을 순조롭게 소화할 수 있게 도와주는 건강한 알파-기능의 역할을 수행한다. 그러나 현실에서의 경험이 자동적으로 풍부한 환상세계로 이어지는 것이 아니다. 소화되지 않는 경험은 외상으로 남기 때문에 현실에서의 경험은 반드시 우리의 정신에 의해 소화과정을 거쳐야 하며, 그 과정을 위해서는 쉼이 필요하다. 위니캇은 흥분이 없고 편안한 상태에서 긴장이 풀린 비통합의 상태는 성인이 휴식할 수 있는 능력의 전조라고 한다. 그러므로 발달 초기에 성공적으로 성취된 홀로 있을 수 있는 능력은 성인기에 휴식할 수 있는 능력과 연결될 수 있다. 따라서 잘 쉴 수 있는 사람은 자기 자신 그리고 타인과도 자연스럽고 편안한 관계를 맺을 수 있다. 결과적으로, 휴식할 수 있는 능력이야말로 위니캇의 말대로 외적 현실 세계에서 이룬 인격의 성숙과 온전함을 나타내며, 이것은 우리의 환상세계와 대인관계의 중요한 초석을 제공한다.

그렇다면 우리는 제4차 산업혁명 시대에 바쁜 스케줄 속에서 쉼의 중요성을 얼마나 우리의 삶에 적용하고 있을까? 또한 제4차 산업혁명이 얼마나 그리고 어떻게 사람들이 휴식할 수 있는 환경을 제공하는데 공헌하고 있는가? 우리는 우리 자신의 홀로 있을 수 있는 능력을 점검해보는 연구를 통해 그 정도를 가늠해볼 수 있다. 미국 버지니아 대학의 심리학 교수 티모시 윌슨Timothy Wilson과 그의 하버드 대학 동료들은 11번의 실험을 통해 참가자들에게 6~15분 동안 혼자 생각하는 시간을 갖는 연구를 진행하였다. 그는 대부분의 참가자들이 짧은 시간의 사색을 어렵지 않게 수행할 것이라 예상했지만, 연구결과는 그의 예측을 빗나갔다. 절반 이상의 참가자들이 6~15분 사이의 사색이 어렵다고 답했고, 거의 절반의 학생들이 사색하는 시간의 즐거움이 중간 수준에도 미치지 못한다고 답변했다. 그리고 1/3의 학생들이 과제로 내준 **집에서 사색하기** 시간 동안 전자기기를 사용하였다고 답했다. 예상치 못한 연구결과에 연구원들은 추가 실험을 진행하였다. 추가 실험에서 연구자들은 참가자들에게 사색과 불쾌한 활동(전기 충격) 둘 중에 하나를 선택해야 하는 상황을 제시하였다. 그 결과는 놀라웠다. 여자 참가자들의 25%와 남자 참가자들의 67%가 6~15분의 시간 동안 사색을 하는 대신에 스스로에게 전기 충격을 가하는 선택을 하였다.[91] 단순히 홀로 사색하는 순간의 어려움을 직면하지 않기 위해 스스로에게 고통을 가하는 것은 정신적 은신처로의 도피라고 볼 수 있다. 즉, 실험에서 가해진 전기 충격이 아무리 고통스러웠다 할지라도 그보다 더한 내면의 불안과 마주하지 않기 위해 참가자들은 스스로에게 고통을 가한 것이다. 최근 스마트기기가 확산되고 있는 현상은 결과적으로 홀로 있을 수 없는 우리의 취약함을 드러내고 있고, 윌슨 교수의 실험 결과가 이를 뒷받침 해주고 있다. 결과적으로 우리는 인생의 힘든 순간에 현실을 일시적으로 회피하는 것이 아니라 원한다면 언제든지 환상세계로 도피할 수 있는 능력을 갖춤으로써 현실에서의 회피가 하나의 삶의 방식으로 굳어지는 위험에 스스로를 빠뜨리고 있다.

홀로 있을 수 있는 능력에서 위니캇은 진정으로 홀로 있음의 단계를 거친 후에야 비로소 제대로 원본능 경험을 할 수 있다고 한다. 그는 홀로 있는 시간이 그 이후에 찾아오는 원본능 경험을 위한 준비 단계이며, 홀로 있는 시간이 있어야 원본능 경험 또한 의미 있는 경험이 될 수 있다고 한다. 그는 홀로 있는 시간이 흐르면서 유아는 감각이나 충동에 도달하게 되고, 여기서 감각이나 경험을 실제적인 것으로 경험하여 이것이 진정으로 개인적인 경험이 될 수 있다고 한다. 위니캇은 휴식을 취하는 시간에 우리는 형태 없음의 영역에 머물게 된다고 한다.[92] 이 영역은 쉼 이후에 다시 하나로 모아지기 이전의 영역으로서 재료들이 형태 없이 안전하고 편안하게 존재할 수 있는 공간이다. 위니캇은 이것을 프로이트의 자유연상과 연결시켜, 분석에서도 형태 없음의 상태로 존재할 수 있어야 하며, 일관성을 가지고 퍼즐 조각을 맞추려는 태도는 휴식을 취할 수 없는 경직성을 나타낸다고 한다. 그는 이러한 상태가 가능한 이유는 지금은 형태가 없어도, 흩어진 재료들로 무엇인가가 만들어질 수 있다는 희망이 있기 때문이라고 말한다.[93] 그리고 이것은 엄마에 대한 믿음, 내가 해체되어 있는 상태여도 나를 담아주는 엄마의 존재에 대한 전적인 신뢰, 신앙Faith과 연결될 수 있다. 엄마는 일관성 있는 돌봄을 통해 유아의 존재의 연속성을 지켜줌으로써 유아가 깨지지 않는 시공간의 연속선상에서 홀로 있을 수 있는 경험을 선사한다. 반면에, 시공간의 장벽을 허무는 제4차 산업혁명에서의 환각 경험은 우리에게 형태 없음의 영역에 머물며 홀로 있을 수 있는, 휴식을 취할 수 있는 기회를 제공하기 어렵다. 왜냐하면 형태 없음은 형태 있음에 안정적으로 담겨졌을 때 의미가 있기 때문이다. 담아주는 존재 없이 흩어지는 형태 없음은 비통합에서 통합의 상태가 아닌, 자아의 파편화를 유도할 수 있다.

아이건은 우리의 삶에 흥분, 쉼, 흥분, 쉼의 변동 사이에 하나의 리듬이 존재한다고 말한다.[94] 막이 오르기 전의 고요함이 곧 펼쳐질 공연을 의미하듯이, 고요함 없이 지속되는 흥분은 외상이 될 뿐 그 어떠한 의미도 가질 수 없는 것이다. 비온은 경험에서 배우려면 그 경험을 소화해내고 그것을 정서적인 의미와 객관적인 의미로 신진대사metabolize 해야 한다고 말한다. 그것은 즉, 우리의 경험이 알파 기능에 의해 베타 요소에서 알파 요소로 변형을 거쳐야 하고, 이러한 변형의 과정을 통해 우리는 타자로부터 온 것을 우리 자신만의 것으로 내재화 할 수 있다. 그러나 이와 같은 적절한 변형이 이루어지지 못한다면, 소화되지 못한 외부적 감각들은 외상으로 남는다.[95] 그렇기 때문에 우리의 정신을 외상으로부터 보호하기 위해서도 우리에게 적절한 쉼이 필수적으로 요구된다. 그러나 제4차 산업혁명은 우리에게 쉼을 제공하는 것이 아니라 흥분의 상태를 지속시키는 방향으로 나아가고 있다. 4차 산업혁명의 기술발달은 초기에는 애플워치와 같이 몸에 지니고 다닐 수 있는 부착형 인터넷에서 시작되었다가, 이제는 우리 주변의 모든 사물에 장착되는 유비쿼터스 컴퓨팅ubiquitous computing으로 그리고 미래에는 인터넷에 연결된 체내 삽입형 기기까지 고안되고 있는 방향으로 나아가고 있다. 이것에는 일상에서 여러 기기를 통한 편리함을 취하는 대가로 우리가 기꺼이 사생활을 제공하려는 경향이 한몫을 한다고 볼 수 있다.[96] 제4차 산업혁명의 전문가들 또한 이 모든 기술의 공통된 단점으로 사생활 침범을 손꼽았다.[97] 그들의 말대로 우리들은 침범 수준의 자극을 끊임없이 쏟아내는 기계들에 둘러싸여 현실에서의 경험을 소화할 수 있는 시간적 그리고 공간적 사생활을 보장받지 못하고 있다. 이러한 측면에서 외부 자극에 의해 포화 상태에 이르는 현대인들이 더 쉼을 추구하는 것으로 보인다.

흥분, 쉼, 흥분, 쉼의 변동 속에서 각각의 상태에서 만족스러운 경험을 하지 못한 채, 거짓 절정으로 가득 찬 우리의 원본능 경험은 항상 굶주려 있다. 이러한 우리의 상태는 잠들지도 깨어있지도 않은 상태로 계속해서 꿈을 꾸려고 시도하는 것과 마찬가지라고 볼 수 있다. 자아-관계성의 안아주는 모성적 역할은 엄마와 유아의 홀로 있을 수 있는 능력에 달렸다. 반면 거짓 절정은 원본능-관계 안에서 이루어진 신체적 흥분만을 가지고 일어나는 현상이다. 우리가 자극 이전에 홀로 있을 수 있는 고요함을 견디지 못하기 때문에 항상 제대로 된 절정을 경험하지 못하고 더 강한 자극만을 찾아나서는 것이다.

제4차 산업혁명이 주장하는 체내 삽입형 기기는 의학적 기능에 기여한다. 예를 들어 의사와 환자 상호간에 의사소통을 돕고, 환자의 위치와 행동을 모니터링하고 건강 기능을 확인할 수 있도록 도와주는 것이 있다. 더 나아가 전문가들은 내장된 스마트폰을 활용하여 그동안 말로 표현해야 했던 내용들을 생각으로 전달할 수 있게 되고, 이에 따라 밖으로 드러나지 않은 생각들 혹은 감정들이 뇌파와 기타 신호를 통해 전달될 가능성도 있다고 주장한다.[98] 그러나 그동안 우리가 기계가 없어서 스스로의 건강을 챙기지 못했고, 상호적인 의사소통을 할 수 없었다고 할 수 있을지에 대한 의문을 제기할 수 있다. 또한 인간은 기계의 도움이 없이는 건강관리나 대인관계를 할 수 없는 존재인지를 묻는 질문을 던질 수도 있다. 뇌파의 전달만으로 의사소통이 가능하다는 믿음은 인간의 사고를 단순히 신경전달물질neurotransmitter로 취급하며 사고가 언어화되는 과정에서 인간의 인지적, 심리적 그리고 정신적 과정을 무시하는 것이라고 말할 수 있다. 생리학적 요소가 언어와 사고로 변형되는 과정이 과연 홀로 있을 수 있는 능력이 아닌 체내 삽입형 기기를 필요로 하는 것일까?

위니캇은 홀로 있음이라는 것에도 구체적으로 일차적 홀로 있음이 있다고 소개하면서 유아가 자기-타자의 인식 전에도 홀로 있음을 경험한다고 말한다. 그는 이와 같은 절대적 의존기에 일어나는 홀로 있음에서 엄마의 일차적 모성 몰두가 성공적으로 이루어진다면, 아기는 자신의 삶을 유지시켜주는 엄마의 존재를 감지하지 못한다고 서술한다. 그에 의하면, 엄마와의 연결이 그만큼 깊고 완전하기 때문에 그것의 존재조차 유아가 알지 못할 수 있다. 그러나 위니캇은 역설적이게도 이러한 전적인 의존 상태, 가장 친밀한 접촉 안에는 접촉의 부재가 있다고 주장한다. 그는 유아가 좋은 돌봄으로 완전한 연결 가운데서도 영원한, 그리고 절대적인 고립 안에서 홀로 있음을 유지한다고 본다. 아이건은 이러한 유아의 역설적인 접촉 상태를 하나의 항구적 결합의 상태라고 위니캇의 이론을 확장한다. 그는 유아의 이러한 상태를 연결되어 있음과 동시에 전적으로 구분되고 분리되어 있는 항구적 결합의 한 종류로 해석한다. 아이건은 위니캇이 말하는 전적인 연결의 상태가 비단 절대적 의존기에만 경험되는 것이 아니라, 성인 또한 알지 못하는 타자(O)로부터 (인지되지 않는) 지지를 받고 있다고 본다. 그리고 그러한 완전한 접촉 가운데 절대적인 고립이 우리에게는 필요하다고 주장한다.[99]

제4차 산업혁명이 주장하는 초연결성은 완전한 접촉도 절대적인 고립도 우리에게 제공하지 못한다. 초연결성이라는 첨단기술 속에서 우리는 타자와 진정한 접촉을 경험하지 못하기에, 수많은 기기들을 고안해내어 끊임없이 외부와의 접촉을 시도하고 있는 것이다. 그리고 동시에 시공간을 뚫고 접촉해오는 기기들로 인해 우리는 존재의 연속성이 아니라 침범의 연속성 안에서 완전한 고립의 순간도 허용되지 않는 삶을 살고 있다.

뇌과학 연구에서도 과학자들은 명상이나 사색에 대한 중요성을 발견하였다. 디폴트 모드 네트워크Default Mode Network는 아무것도 하지 않으면서 사색이나 명상을 할 때 작동되는 뇌의 활성화 상태를 가리킨다. 이와 같은 상태는 우리가 수동적으로 휴식passive rest을 취할 때, 그리고 잡념mind-wandering에 빠져 있을 때 활성화된다. 이러한 모드의 활성화는 자기 자신뿐만 아니라 타인의 정서적 상태나 생각에 대해 숙고할 때 일어나며, 또한 과거와 미래에 대해 사고 할 때 그리고 기억을 저장할 때 발생한다.[100] 즉, 우리가 스스로에 대한 자기탐색과 타인에 대한 정서적 반영 그리고 과거에 대한 반추와 미래에 대한 예측을 하기 위해서는 이와 같은 뇌의 활성화 상태에 머물 수 있어야 한다. 궁극적으로 이것은 우리의 홀로 있을 수 있는 능력을 가리킨다고 볼 수 있다.

그렇다면, 우리가 쉼을, 홀로 있을 수 있는 시간을 거부하는 이유는 무엇일까? 마크 앱스타인Mark Epstein은 정신분석이 비어있음에 대한 충분한 고찰을 하지 않았으며, 비어있음이나 공허함의 느낌이 꼭 부정적으로 해석될 필요가 없다고 말한다. 공허함, 비어있음은 실제로 무엇인가가 비워져 있다는 것이 아니라 있어야 할 것이 없다는 느낌으로 일반적으로 이해된다. 그러나 그는 『비어있음의 형태Forms of Emptiness』 라는 그의 논문에서 우리가 공허함이라고 생각하고 느끼는 것은 진정한 공허함이 아닐 수도 있다고 주장한다. 진정한 비움, 공허함을 경험한다면 이 순간에 자신의 자아가 무엇을 필요로 하고 요구하는지에 대한 내적 소통이 이루어지기 때문에, 이것을 자기 발달의 소중한 과정이자 자신과의 소통의 순간으로 볼 필요가 있다고 그는 주장한다.[101] 그러나 현대인들은 이러한 공허감을 때때로 압도적인 불안과 두려움으로 경험하며, 그러한 부정적 정서 가운데 자신과의 대화를 이어나갈 수 있는 소극적 능력마저 부족하다. 그러므로 내면의 공허함을 직면하고 그 안에서 비통합의 상태 이후에 오는 채워짐의 순간을 기다릴 수 없는 것으로 보인다. 결국 공허함 속에서 홀로 있는 경험은 우리가 누구이고, 진정으로 원하는 것이 무엇인지에 대한 해답을 담고 있는 궁극적 실재인 *O*로 우리를 인도한다. 결과적으로 쉼의 순간에 공허함을 온전히 경험할 수 있다면, 우리는 지적인 이해나 정신화mentalized가 아니라, 정신적인psychical 내면의 통찰을 통해 한 단계 성숙한 인격의 성장을 경험할 수 있고, 자기 자신뿐만 아니라 타인과의 관계에서도 성숙한 친밀감을 형성할 수 있다. 자기 자신과의 관계에서 홀로 있을 수 있음을 성취한 개인만이 외부 대상과의 관계에서도 타인의 접촉을 허락하는 동시에 상대방에게 전적인 고립의 시간과 공간 또한 존중해줄 수 있는 것이다.

공허하다는 느낌 자체를 가지기 위해서는 **나**라는 존재가 본질적으로 존재한다는 이해가 성립되어야 한다. 그리고 공허함을 느끼기 위해서는 끊임없이 자신의 정체성을 발견해내고 정의할 수 있어야 한다. 위니캇에 따르면, 병리적 패턴에서 개인은 발견되지 않은 상태 즉, 그 개인의 참자기가 거짓자기 뒤에 숨겨져 있는 상태에 머물고 있으며 이러한 상태는 불안정감을 야기하고 허무함을 불러일으킨다. 위니캇의 이론을 바탕으로, 우리가 혼자 있을 때 홀로 있지 못한다면 퇴행의 경험을 하고 있다고 볼 수 있다. 다시 말해, 우리는 아무 생각 없이 영상이 흘러나오는 스크린을 바라보면서 재충전의 시간을 가지고 있다는 착각 속에 거짓 위안을 스스로에게 제공하고 있는 것이다. 그리고 우리는 기기의 전원을 끄고 난 후 쉬기 전보다 오히려 더 공허해지고 허무함으로 가득 찬 자신의 정서와 마주하게 되며, 이러한 고통으로부터 회피하고자 또 다른 기기와 접선하는 일상을 반복한다. 비통합의 상태에서 외부로부터의 그 어떤 요구나 침범 없이 존재하는 쉼의 순간은 앞서 언급된 정신적 은신처로의 도피와는 확연히 다르다. 정신적 은신처로의 도피는 당장의 고통으로부터 우리의 자아를 보호해주지만, 홀로 있음 후에 항구적 결합을 통한 자아의 발달 과정과는 질적인 차이를 보인다. 완전한 타자와의 접촉에서 우리가 그 무한한 타자의 존재에 대한 인식 없이도 편안하게 고독을 즐길 수 있는 것과는 대조적으로 당장 스마트폰과 같은 기기들을 손에 쥐고 있지 않으면 감당하기 힘든 수준의 불안이 올라온다. 그러므로 불안과 두려움의 축출, 비워내기 식의 기기 사용을 통해서는 우리 삶의 질은 결코 개선될 수 없다. 그러므로 삶의 질을 개선하기 위해서 우리는 기기에 대한 스스로의 집착 기저에 대상과의 완전한 접촉에 대한 갈망이 있음을 인식할 필요가 있다. 그 과정을 통해 기기가 우리의 삶을 피폐하게 하는 것이 아니라, 우리의 건강하지 못한 정신적 상태가 원본능 충족만을 위해 첨단 기술을 남용하고 있다는 깨달음을 얻을 수 있고, 그때서야 진정으로 우리의 정신건강을 위해 어떻게 미래에 과학기술을 활용할 것인지에 대한 숙고가 이루어질 수 있다.

Ⅳ. 논의

연구자는 정신분석 이론을 가지고 제4차 산업혁명이 우리의 환상, 대인관계 그리고 쉼에 끼치는 영향을 탐색해보고자 하였다. 첨단 기술의 발달이 인간의 정신건강에 가장 중요한 세 가지 요소에 끼치는 영향을 살펴봄으로써 우리가 원하고 추구하는 기술들의 이면에 놓여있는 우리의 무의식적 소망을 발견해보고자 하였다. 환상, 대인관계 그리고 쉼이라는 세 가지 주제에서 반복적으로 등장한 소망에는 인간의 통제 욕구가 내재되어 있다는 결론에 도달하였다. 정신분석적으로 인간이 대상을 원하는 방식으로 조종하고 통제하고 싶은 무의식적 소망은 항상 존재해왔지만, 그 통제 욕구가 21세기에 과학 기술의 혁명적 발전이라는 시대적 시기와 맞물려 제4차 산업혁명을 통해 나타나는 것으로 보인다. 그러나 이것이 비단 우리에게 대상이나 상황을 통제할 수 있는 능력을 제공해준 기술 때문인지 아니면 현실에서 자주 겪게 되는 좌절의 경험으로 인해 더욱 자극되는 것인지는 알 수 없다. 한 가지 원인만을 내세우기는 어렵지만, 과학 기술의 발달이 현재 우리의 삶 속에서 관계나 상황을 통제하고 싶은 무의식적 소망을 강하게 자극하는 것은 분명해 보인다. 그렇다면 이 통제의 욕구가 4차 산업혁명을 대표하는 초지능화와 초연결성의 개념에서 어떻게 나타나는지, 그리고 쉼과 탐욕의 관계가 어떻게 끊임없는 통제 욕구와 전능 환상을 부추기는지에 대해 지금까지의 문헌연구와 분석된 내용을 바탕으로 탐색해볼 필요가 있다.

과학 기술의 발달로 인해 인간 삶의 질이 개선된 부분들은 분명 존재한다. 그리고 더 나아가 제4차 산업혁명의 발달은 경제, 사회, 문화, 그리고 교육 등과 같은 분야를 개선시킬 수 있는 기술을 우리에게 제공할 수 있다. 그러나 제3차 산업혁명 이후 기술의 남용이 여러 가지 사회적 문제들을 야기한 것과 같이, 제4차 산업혁명 역시 지금까지는 없었던 새로운 문제점들을 야기할 가능성이 높은 것으로 보인다. 그러므로 이미 제4차 산업혁명으로 인해 일어나고 있는 문제들이 있다는 인식 없이, 고도로 정교한 기술을 발달시키고 적용하는 것에만 초점을 맞추는 것은 바람직하지 못하다. 스타이너는 정신적 은신처로의 현실 회피가 일시적이지 않고 영구적이 된다면, 환자는 실제 세상보다 더 나은 꿈 혹은 환상 세계 속에서 살게 된다고 말한다.[102] 정서적으로 성숙하지 못한 상태에서 과학 기술에만 의존하는 삶을 살아간다면, 기술의 발전으로 더 나은 현실 세상이 아닌 즉, 진실된 삶이 존재하지 않는 가상현실 속에 갇혀 우리의 성장은 멈추게 될 것이다. 우리에게는 더욱 고도로 발달된 기술이 필요한 것이 아니라, 발달된 기술들을 서로 어떻게 연결시키고 진정으로 인간의 편의와 필요를 위해 사용될 수 있는지 재정비할 수 있는 노력과 지혜가 필요하다. 어쩌면 여러 분야의 융합이 일어나는 이번 산업혁명이 그와 같은 작업을 할 수 있는 최적의 기회를 우리에게 제공하는 것으로 보인다. 정신적 은신처에서 머무는 방관자의 삶이 아니라, 우리는 스스로의 삶에 보다 적극적으로 참여하여 비온의 말대로 힘겨운 시간 속에서도 아름다움을 발견할 수 있도록 노력해야 할 것이다. 그리고 우리가 발달시킨 기술의 기저에 놓여있는 우리의 의식적 또는 무의식적인 소망을 깨닫고, 우리 자신의 내면을 바라볼 수 있는 능력을 우선시할 때 우리는 긍정적인 변화를 주도적으로 도모하여 더욱 열린 자세로 이 시대의 변화를 수용할 수 있게 될 것이다.

1. 초지능화와 알지 못함

알파고를 과연 바둑의 고수라고 말할 수 있을까? 아마도 그에 대한 대답은 각자가 바둑을 어떻게 정의하는지에 따라 달라질 것이다. 2016년 알파고와의 대결에서 우리나라 프로바둑계 정상에 있는 이세돌의 패배로, 아무리 뛰어난 기계라 할지라도 아직 범접할 수 없다고 믿었던 바둑에서 패배한 것에 우리는 충격을 받았다. 그러나 우리에게 바둑이 그저 1초에 10만개의 수를 빠르고 정확하게 읽어 승리해야 하는 게임에 불과한 것인지 물어볼 수 있다. 웹툰 작가 윤태호는 그의 대표작 『미생』을 통해 바둑판을 인간의 삶과 비유하여 그 속에 녹아있는 삶에 대한 철학을 그림으로 그려내었다. 작은 칸막이에서 로봇처럼 일하는 개개인의 노력과 자리를 밝혀주어 각 캐릭터의 삶에 의미를 부여함으로써 그는 작품을 읽는 독자들에게 희망과 감동을 주었다. 대국에서 승리를 거두는 것이 바둑기사의 궁극적인 목표가 된다면, 바둑을 삶의 목적을 실현시키는 하나의 수단으로 보는 것이 아니라 오히려 자신이 승리만을 위해 존재하는, 주객이 전도되는 삶을 살게 되는 것이다. 우리가 바둑의 수읽기에 패배했다고 해서 오랜 세월 바둑판에 녹아든 인간의 삶에 대한 철학까지 사라지는 것이 아니라는 것을 기억해야 할 것이다.

제4차 산업혁명이 내세우는 두 가지 혁신적인 개념에는 초지능화와 초연결성이 있다.[103] 기술적 발달과 융합으로 인해 이제 우리가 접근할 수 있는 지식은 폭넓게 확장되었다. 복잡하고 어려운 계산 작업을 빠른 속도로 처리해내는 슈퍼컴퓨터의 개발과 인공지능에 대한 연구 속에 다 알고자 하는 우리의 욕망이 짙게 배여 있는 것으로 보인다. 그러나 고도로 전문화된 지식이나 기술을 인터넷의 공간에서 손쉽게 얻을 수 있다고 해서 이전보다 우리의 지식수준이 월등히 높아졌다고 보기는 어렵다. 아이건은 앎에 대한 욕구가 종종 **상상적인 앎**으로 귀결되며, 진정으로 아는 것이 아닌, 아는 척하는 경향을 만들어낸다고 말한다.[104] 결국 언제 어디에서든 무한한 지식의 창고에 접근할 수 있다는 믿음만으로 우리는 우리가 아는 것이 많다는 환상을 만들어내는 것으로 보인다. 아이건은 우리가 가진 무지에 대한 두려움과 수치심 때문에 앎에 대한 강한 욕구가 있다고 지적한다. 그러므로 스스로 아는 것이 많다는 환상은 무지에 대한 우리의 두려움과 수치심을 가려주지만, 근본적으로 무지에 대한 불안을 완화시켜 주지는 않는다. 오히려 이러한 환상이 강해질수록, 내가 다 알고 있다는 전지 환상에 빠질 수 있다. 아이건에 따르면 전능은 행동적 능력과 관련되며 경험을 통해 언젠가는 깨어지는 반면, 전지는 지식과 관련된 것이며 전능보다 악성이기 때문에 경험으로 쉽게 깨지지 않고 유지되는 환상이다.[105] 비온은 이러한 전지 환상에 빠지지 않으려면 우리는 알 수 없는 신비가 야기하는 불확실한 상태와 의심의 상태에 머물 수 있는 소극적 능력을 키워야 한다고 강조한다. 이러한 소극적 능력을 통해 초지능화가 될 수 없다는 사실을 수용할 수 있다면, 우리는 세상의 여러 가지 지식에 좀 더 개방적인 자세를 취할 수 있을 것이다. 스스로의 무지를 수용할 수 있을 때, 우리는 비로소 단순한 지식을 통한 주지화가 아닌 궁극적 진실을 통한 삶의 깊은 통찰을 얻을 수 있을 것이다. 이러한 깨달음은 결코 인터넷 검색 엔진을 통해서가 아니라 현실 세계에서 몸으로 부딪히는 경험을 통해 얻을 수 있는 삶의 진실들이다.

또한 초지능화에 대한 전지 환상은 우리의 대인관계에도 부정적 영향을 끼친다. 프로이트는 초보 분석가들을 위한 충고와 조언을 담은 논문에서 환자가 하는 모든 말을 놓치지 않고 다 적고 기억하려는 것은 의미가 없다고 말한다. 환자의 말을 다 적었다고 하여 환자에 대해 알게 되는 것이 아니며, 환자의 말을 개작하고 잊어버린다면 그것에서 또한 중요한 배움이 있을 수 있다고 한다.[106] 우리가 서로에 대해 알게 되는 과정은 결코 기계적인 정확성과 기억의 영속성을 요구하지 않는다. 서로에 대한 정서적 접촉과 이해는 기계에 의해 이루어질 수 있는 것이 아니다. 우리는 CCTV나 그 외에도 스마트폰을 사용한 사진 및 동영상 촬영 기능으로 여러 가지 사건이나 우리의 언행에 대한 객관적 사실을 쉽게 접할 수 있는 세상에 살고 있다. 그러나 이러한 부분적인 순간들만을 가지고 우리는 상대방에 대한 진실을 알고 있다는 위험한 결론을 내릴 수 있다. 아이건은 유아가 엄마의 전능 환상은 용서할 수 있지만, 내가 널 다 알고 있다는 엄마의 전지 환상만은 절대 용서하지 못한다고 경고한다.[107] 엄마라 할지라도 다 알지 못한다는 것을 유념하거나 심지어 알아도 모르는 척 눈을 감아줌으로써 엄마는 아기의 사생활을 보호해줄 수 있는 것이다. 내가 스스로에 대해 다 알지 못한다는 것도 자유함을 주지만, 대상과 외부 세상이 나를 다 알지 못한다는 사실 또한 우리에게 편안한 사적 공간을 제공해준다. 아이건은 우리가 서로에 대해 다 안다는 전지 환상은 상대방이 있을 공간을 우리의 환상으로 채우며 이것은 타자의 신비를 우리의 투사적 동일시로 물들인다고 한다.[108] 서르가 서로에 대해 알지 못한다는 태도는 비통합의 상태로 존재할 수 있는 쉼의 공간을 서로에게 허용해주는 것이다. 우리가 과학 기술의 기능을 사용하여 얻은 서로에 대한 부분지식을 상대방에 대한 전체지식으로 가장할 때, 그것은 용서할 수 없는 관계적 외상을 서로에게 입힐 수 있다. 결과적으로 우리는 서로에게 반응하는 존재가 되는 것이 아니라, 서로의 공격적, 투사적 동일시에 반동적으로 대응할 수밖에 없는 것이다. 현대 사회에서 인터넷상의 인신공격은 지울 수 없는 상처를 서로에게 입히는 하나의 장이 되어버렸다. 그러나 연구자는 조심스럽게 우리가 전지 환상에 굳어진 상태로까지는 아직 가지 않았다고 제안한다. 서로에 대해 알지 못한다는 점을 수용한다면, 우리는 상대방의 신비스러움을 느끼고 그에 대한 호기심이 자극되는 것을 느낄 것이다. 이것은 서로에 대한 **관심**으로 이어지며, 우리는 기술의 선기능을 활용하여 이와 같은 관심을 충족시키기 위한 전체 대상관계의 경험을 통해 대인관계에서의 인내심과 민감성을 훈련할 수 있는 기회를 가질 수 있어야 할 것이다.

2. 4차 산업혁명과 초연결성

2012년부터 방영된 응답하라 시리즈는 남녀노소를 불문하고 대중적인 인기를 끌었다. 이 드라마의 어떠한 부분이 그렇게도 많은 사람들의 감성을 자극한 것일까? 응답하라 시리즈의 시대적 배경들은 엄밀히 말하자면 디지털 시대에 포함되지만, 아날로그적 정서가 지배적인 시대 속에서 사람들 간의 끈끈한 **정**을 담아내었다. 아마도 그것이 아날로그 시대를 경험해보지 못한 디지털 세대의 감성까지도 겨냥할 수 있었던 것이 아닐까? 『아날로그의 반격』의 저자 데이비드 색스는 여름 캠프에서 만난 10대 아이들이 아날로그 시절을 경험한 부모 세대보다도 오히려 아날로그를 경외하고 갈망하며 그것의 이점에 대해 정확하게 알고 있었다고 저술했다.[109] 아날로그 시절 살아있는 사람들 간의 직접적 교류를 통해 우리는 서로의 생명력을 담은 사고와 정서를 주고받을 수 있었다. 그렇다면, 응답하라 시리즈와 같은 드라마가 선풍적 인기를 끈 것은 그것이 비단 그 시절을 경험한 성인들의 과거의 향수를 불러 일으켰다기보다는 대상을 갈망하는 우리들의 내재된 경향성을 자극했기 때문이라고 볼 수 있다.

가상현실에서의 관계는 편리하고 효율적이라고 하지만, 대인관계가 결코 편리함과 효율성을 목표로 하는 것이 바람직하지 않다. 디지털 세계가 제공한 편리함과 효율성은 결국 관계에 대한 통제 욕구를 자극하여 홀로 있을 수 있는 능력을 키울 기회를 박탈하고, 우리 스스로를 고독이 아닌 고립으로 밀어 넣는 결과를 초래한다고 볼 수 있다. 셰리 터클은 자신이 과학 기술의 발전을 지지하는 사람이며, 인간의 상호작용에 기술의 사용을 반대하는 것이 아니라, 기술에 대한 인간의 높은 기대와 의존성의 기저에 존재하는 동기에 대한 우려를 표하는 것이라 말한다. 그녀는 가상현실이나 기계가 제공하는 동반자의 느낌은 진정한 친밀감이 아니라 우리가 혼자라는 고통스러운 외로움을 덮어버리는 거짓 위로라고 지적한다.[110] 예를 들어 과거에 사람들이 TV를 시청할 때, 가족 대부분이 거실에 모여서 함께 프로그램을 보며 서로의 느낌과 생각을 표현하고 공유하는 시간으로 활용했다. 우리의 삶에 기계가 존재하였지만 TV시청보다도 관계를 중심에 두었던 당시의 분위기 속에서, 우리는 서로와의 접촉을 위해 기계에 **의존**했던 것이 아니라 기계를 **사용**하는 주체적인 입장을 유지할 수 있었던 것이다. 이처럼 주체로서 상호적인 관계에 대한 시도를 할 때 우리는 풍성한 관계의 경험을 맺을 수 있다. 그렇다면 풍성한 관계의 경험이란 무엇일까? 그 경험은 자기 자신과 홀로 있을 때 일어날 수 있으며, 바로 자신의 옆에 존재하는 사람과의 몇 초 안되는 상호작용에서 얻어질 수도 있다. 의미 있는 경험이란 특정한 조건을 갖추어야 하는 정형화된 것이 아니라, 그것을 담아내는 사람의 알파-기능에 따른 것이라고 볼 수 있다. 엄마의 성숙한 알파-기능을 통해 유아의 인격이 성숙하듯이, 또 다른 인격체와의 만남에서 우리는 대상과 공명하는 우리의 부분들에 대해 반추하는 시간을 갖게 된다. 더욱이 그것이 스스로의 좋음과 나쁨이 성공적으로 통합된 성숙한 인격체와의 만남이라면, 그것은 편집-분열적 자리에서의 박해 불안으로부터 우리를 보다 자유롭게 해주는 발달의 기회를 제공해준다. 이러한 기회를 통해 우리는 우리가 서로에게 어떠한 존재가 되어줄 수 있는지에 대한 가능성을 시험하고 탐색해야 한다.

빅데이터의 사용을 통해 우리는 무한한 정보를 수집할 수 있을 뿐만 아니라, 수집된 정보를 분석하여 개인과 세계의 동향을 예측할 수 있다는 자신감을 내비치고 있다. 관련 업계에서는 빅데이터가 수학적 알고리즘을 사용하여 여러 정보들을 결합하는 능력을 가지고 있으며, 우리가 그 능력을 사용하여 편리하게 새로운 정보를 만들어내고 찾아낼 수 있다고 주장한다.[111] 빅데이터를 사용하여 수집한 무한한 정보들을 가지고 초연결성을 구축할 수 있다는 믿음은 결국 인공지능도 사람의 뇌 수준으로 구현될 수 있다는 희망을 갖게 한다. 그러나 연구자는 이러한 견해에 회의를 갖는다. 흄에 따르면 어떤 두 가지가 이성에 의해서가 아니라 그 두 가지를 둘러싸고 있는 특정한 경험에 의해 연관될 때, 그 둘의 우연한 만남은 항구적 결합에 있다. 실제로 제4차 산업혁명에서 일어나는 융합은 한 영역에서 전혀 상관없다고 여겨졌던 타 영역 관련 물품들을 발명해내는 현상을 만들어냈다. 이러한 추세는 업종간의 구분을 애매하게 하며 이러한 생태계의 확산으로 모든 영역이 함께 연결되는 네트워크가 만들어지고 있다.[112] 일상생활에서도 우리는 때때로 실수나 오류로 취급되는 비이성적이고 비논리적인 과정과 결과에서 기발한 창작물을 만들어내는 경험을 목격한다. 연구자는 이러한 융합과 창작 활동이 궁극적으로는 사람의 정신에서 비롯된다고 본다. 신경 생물학적으로 우리의 뇌는 정도의 차이를 보일 뿐, 모든 영역이 함께 협력하여 활성화되는 시스템 속에서 작동하기 때문에 그 어떤 기계보다도 우수한 초연결성의 구조를 가지고 있다고 볼 수 있다. 치밀하게 계산되어 입력된 알고리즘에 의한 활동에서 항구적 결합이 일어나는 것이 아니라, 이미 초연결성의 구조를 가지고 있는 우리의 뇌가 이 역할을 수행하고 있는 것이다. 그러므로 우리가 추구해야 하는 것은 방대한 자료의 수집을 기반으로 분석을 하는 능력보다도, 예측할 수 없는 항구적 결합의 특성을 견뎌내고 수용할 수 있는 소극적 능력이다. 비온이 말했듯이 우리의 삶은 항구적 결합을 통해 예측할 수 없는 방식으로 그리고 예측할 수 없는 타이밍에 발생하는 여러 가지 변수들에 의해 흘러간다.[113] 거기서 비롯된 불안을 잠재우고 앞서서 미래를 예측할 수 있는 기기를 발달시키기 위해 빅데이터와 같은 기술을 발달시킨다고 볼 수 있다. 예측할 수 없음의 불안을 경험하는 것이 편집-분열적 자리이며 그 불안을 견뎌내어 그곳에서 의미를 발견하고 경험해낼 수 있는 자리를 우울적 자리라고 할 때, 항구적 결합은 편집 분열적 자리에서 우울적 자리로 나아가는 발달이라고 볼 수 있다.[114] 다시 말해서 운명, 우연의 가능성에 자신을 맡기고 전능성을 포기함으로써 모든 것을 통제하고자 하는 욕망을 버릴 수 있는 단계에 도달하는 것은 항구적 결합을 통해 우울적 자리에 도달하는 것과 같다. 제4차 산업혁명을 통해 기계적 완벽성을 추구하며 전능적 자기를 놓지 않으려는 무의식적 욕망을 인지하고 내려놓을 때 우리는 새로운 가능성에 열린 자세로 창조성을 발휘할 수 있는 자유함을 만끽할 수 있을 것이다. 따라서 사람을 우선으로 할 때만이 우리가 4차 산업혁명을 인간의 잠재력을 개발하는 방법으로 사용할 수 있다고 생각한다.

3. 탐욕과 쉼

불안을 견뎌내는 능력, 소극적 능력은 시간의 개념을 가지고 있다. 쉴 수 있는 능력은 그러므로 곧, 일정 기간 동안 시간의 흐름 속에서 자신의 불안을 견뎌낼 수 있는 능력과 같다고 볼 수 있다. 클라인은 탐욕이 불안에 의해 증가하는 것에는 의심에 여지가 없다고 말한다 – 박해받는 것에 대한 불안, 충분히 사랑받을 만한 존재가 되지 못하는 것에 대한 불안.[115] 또한, 아이건은 클라인의 탐욕에 대한 이론을 이야기하면서 **극도로 탐욕스러운 유아는 음식을 게걸스럽게 먹지만, 그것을 맛보고 즐기기 위해 충분히 오랫동안 조용히 앉아 있지 못한다**고 지적한다. 그리고 유아가 섭취한 음식은 감각적으로도 정서적으로도 소화되지 못하기 때문에 그 결과 유아는 폭식상태에서도 정서적으로 굶주리게 된다. 아이건은 탐욕의 이러한 특징 때문에 탐욕스러운 주체는 자신이 받은 음식을 즐기고 음미하지 못하며 결과적으로 경험에서 배우지 못하게 된다고 주장한다.[116] 즉, 순간의 불안을 감당하지 못하여 그 순간이라도 탐욕의 충족을 추구하는 경향은 악순환의 고리를 형성한다. 따라서 쉴 수 없는 우리의 무능력은 순간의 불안을 탐욕스럽게 채워넣도록 장려하며, 결과적으로 탐욕에 휘둘리는 우리의 정신세계로 인해 우리는 더더욱 쉴 수 없게 되는 악순환에 빠지게 되는 것으로 보인다.

이렇게 쉬고 싶으면서도 쉬지 않는 우리의 모습 밑면에는 스스로의 불안과 마주하고 싶지 않은 그리고 즉각적으로 굶주림을 채우고 싶은 무의식적 소망을 포기하지 못하는 미성숙하고 유아적인 탐욕이 자리 잡고 있다고 볼 수 있다. 그리고 이러한 무의식적 소망들이 기저에 자리 잡고 있기 때문에 현대의 과학 기술을 사용하여 우리의 탐욕적인 욕구를 즉각적으로 채워줄 수 있는 인프라를 구축시켜 온 것으로 보인다. 그리고 발달된 기술을 제대로 사용하고 다루지도 못하면서 더욱 더 고도화되고 정교화된 기술만을 원하고 갈구하는 사람들의 모습에서도 이러한 탐욕을 찾아볼 수 있다.

그렇다면 어째서 우리는 이러한 공허함으로 인해 고통받는 것일까? 앞서 언급된 아이건과 앱스타인의 주장과 같이 비어있음은 채워지기 전 단계의 건강성을 향한 시간일 수 있다. 그러나 그러한 비어있음의 개념과 우리를 압도하는 공허감의 느낌은 다르게 해석될 필요가 있다. 비온은 유아가 (엄마의)고통스러운 부재를 수정할 수 없을 경우에, 그 공간을 나쁜 내적 대상들로 채운다고 말한다. 네빌 시밍턴은 유아의 소화되지 않은 베타 요소는 탐욕, 시기심 그리고 질투의 형태로 패턴화되며 이 요소들은 앞서 언급된 나쁜 내적 대상들 그 자체라고 해석한다. 그는 시기심, 탐욕 그리고 질투가 (엄마의) 외상의 또 다른 형태 즉, (엄마의) 부재가 취하는 또 다른 형태라고 비온의 이론을 확장한다. 그는 모든 탐욕, 시기심, 그리고 질투가 드러날 때, 거기에는 끔찍한 공허함 밖에 남아 있지 않다고 말한다.[117)]그러므로 우리의 미숙한 자아가 대상의 부재를 견디지 못하여 그 외상의 경험 자체가 탐욕으로 변형이 되어 부재의 공간을 채우지만, 그것은 압도적인 공허함 즉, 또 다른 형태의 외상으로 경험되는 것이라 볼 수 있다. 위니캇에 의하면, 유아가 엄마에게 발견되고 반영되는 경험을 통해 자신이 **살아있다**는 그리고 **존재**한다는 경험을 한다.[118] 앞서 언급되었듯이, 우리가 우리의 정서를 관찰하고 탐색하는 것을 거부하는 것은 불안한 정서로부터 스스로를 보호하기 위한 방어라고 해석할 수 있다. 그러나 우리의 내적 정서가 **발견되지** 않은 상태로 억압되어 방치된다면 그것은 더욱 심각한 외상을 초래하는 것이며 이것은 결국 더욱 깊은 공허함의 악순환으로 이어질 수 있다. 결국 탐욕적으로 공허함을 채우려는 시도는 일시적으로 불안을 잠재우고 자신이 살아있다는 통각 수준의 자극을 제공하는 또 하나의 방어라고 볼 수 있다.

4. 인간성의 회복

제4차 산업혁명의 문제는 모든 이야기들이 미래시점에 초점이 맞춰져 있다는 것이다. 아무래도 4차 산업혁명은 이제 시작하는 시점에 놓여있기 때문에, 그것에 관한 이야기들은 대부분 산업혁명으로 인해 일어날 수 있는 일들에 대한 예측과 그것에 대한 대안방안으로 구성되어 있다. 연구자는 좀 더 현재 시점에서 4차 산업혁명에 대한 이야기를 해보고 싶었고 그러한 연구 방향이 현재 우리가 당면한 사회적 그리고 정신적 문제들을 다루기에 더욱 합당한 것으로 보였다. 미래에 대한 걱정에 사로잡히기 보다는 현재 우리의 일상생활에서 우리가 과학기술과 어떠한 관계에 있고, 거기서 우리가 얻고자 하는 것이 무엇인지를 탐색하는 것이 선행될 필요가 있다.

앞서 논의 되었듯이, 개인의 홀로 있을 수 있는 능력을 기반으로 한 쉼이 있어야 우리의 환상세계가 펼쳐질 수 있는 공간이 있으며, 개인의 홀로 있을 수 있는 능력은 또한 무수히 많은 대인관계에서의 경험을 통해 성취된다. 그러므로 인간의 환상세계를 창조하는 능력과 관계적 능력 그리고 쉴 수 있는 능력은 모두 밀접하게 연결되어 있다. 첨단 기술의 발달로 인해 우리의 무의식적 통제욕구가 자극되어 이 세 가지 요소들의 균형이 깨어질 때, 세 가지 요소 모두가 병리적 형태로 변형될 위험에 처하게 된다. 정신건강의 주요 요소인 환상세계, 대인관계 그리고 쉼의 영역이 기술의 발달로 왜곡되고 파괴되는 부작용은 이미 오래전부터 일어나고 있었으며, 이번 제4차 산업혁명을 기점으로 더욱 심각한 위해가 가해질 가능성이 이 논문에서 제시되었다.

실제로 제4차 산업혁명의 전문가들의 주장처럼 패러다임의 전환이 존재하기 때문에 어쩌면 지금 우리의 사고방식으로 제4차 산업혁명을 이해한다는 것이 힘들 수도 있다. 그러나 제4차 산업혁명 또한 결국 사람이 만들어낸 것이므로 창작한 사람의 마음을 살피다 보면 그 창조물에 대한 이해가 향상될 수 있다.

한 사람이 다른 사람의 정신에 도달하는 것에는 여러 가지 방법이 존재하며, 과학 기술이 발전했기 때문에 이전 사람의 정신을 이해하는 방식이 더 이상 유효하지 않은 것은 아니다. 요즘 심리학의 동향은 뇌과학의 중요성을 앞세우면서, 뇌를 통해 인간의 정신을 공부하자는 쪽으로 기울고 있다. 인간의 뇌를 공부하는 것이 인간의 정신세계를 연구하는 것에 하나의 방법이 될 수는 있어도 유일한 방법이라고 볼 수는 없다. 우리가 서로의 마음을 이해하는 좀 더 혁신적인 방법이 개발되지 않아서 소통되지 않는 것이 아니고, 우리의 삶이 좀 더 편리하고 안락하지 않아서 우리가 불행한 것이 아니다. 이미 언급한 바와 같이, 우리가 진실을 외면하고 진실과 맞닿아 있지 않기 때문에 표면적인 문제를 처리해주는 물건들을 개발하는 측면도 있다는 것에 관심을 가질 필요가 있다.

미래에는 여러 직업들이 기계에 의해 대체될 것임으로 인간만이 할 수 있는 직종들이 살아남을 것이라고 4차 산업혁명 전문가들은 말한다.[119] 한국뿐만 아니라 세계적으로 과거에는 사람이 기계적으로 기능을 하는 능력이 높이 평가되었다. 쉼 없이 작업을 하고 주어지는 일과 지식을 의심 없이 수동적으로 받아들이는 능력은 생존을 위해 필수적이었다. 그러나 이제는 가장 인간적인 능력을 잘 발휘할 수 있는 사람들이 생존할 수 있는 시대가 도래 하였다. 기계처럼 살아온 우리가 더욱 인간다워야 살아갈 수 있는 시대가 온 것이다. 실제로 4차 산업혁명 전문가들은 기술적 통합 수준이 올라갈수록 가상세계와 현실세계 사이에 발생하는 강도와 긴장이 더욱 증가하기 때문에 사용자의 독립된 주체로서의 능력과 잠재력이 더욱 더 강하게 요구된다고 말한다. 그리고 한 단계 높아진 이러한 요구가 오히려 우리들에게 자기책임과 자기실현의 기회를 제공할 것이라고 전문가들은 예측한다.[120] 따라서 연구자는 이러한 기회를 잘 사용한다면 우리가 가장 인간다운 삶을 위해 무엇을 해야 하는지 심도있게 탐색할 수 있을 것이라 생각한다. 다만, 그것이 단지 생존만을 위한 인간다움이 아니라, 그러한 탐색 가운데서 궁극적 진실을 만날 수 있는 방향으로 가야할 것이다.

그렇다면 우리가 인간성을 회복하기 위해서 어떻게 해야 할까? 위니캇에 의하면, 개인들 사이에 의미 있는 관계가 형성되기 위해서는 의사소통의 역할이 필수적이다. 그는 특히 이야기 치료talking cure를 시발점으로 꽃을 피운 정신분석학에서 의사소통이 갖는 중요성은 두 배로 명백하다고 강조한다. 위니캇은 정신분석이 치료적 효과를 갖는 이유는 바로 그것이 어떤 연결도 갖고 있지 않은 생각, 사고, 충동, 감각의 흐름에 대한 의사소통을 기반으로 하기 때문이라고 보았다.[121] 비온은 인간에게 정서적 진실을 추구하는 진실 욕동이 있다고 주장한다. 그는 우리 내면에 억압된 진실 욕동이 우리에게 탁월한 영향력을 행사하기 때문에 분석 회기 안에서 내면에 숨은 정서적 진실을 탐색하는 것의 중요성을 강조한다. 그리고 우리의 내면에 존재하는 정서적 진실 즉, O는 우리의 정서적 성숙에 따라 의식적 그리고 무의시적으로 **항상 진화하는 진실**이라고 그 가능성을 제시한다.[122] 그러므로 앞서 언급된 과학 기술 발달의 부작용을 분석하는데 유용하게 사용된 만큼, 그에 따른 해결책을 모색하는데 있어 정신분석이 기여할 수 있는 바가 크다고 볼 수 있다. 이론적으로는 인간의 심리적 탄생, 구조 그리고 역동에 대한 초심리학적 이해와 임상에서는 분석가와 함께 정서적 진실을 재발견하는 경험은 그 어느 때보다도 현재 21세기에 사람들에게 가장 필요한 것으로 보인다. 과학 기술을 등에 업고 더 멀리 그리고 더 높이 나아갈 것이 아니라 더욱 깊숙하게 우리의 내면을 향한 탐색이 절실하게 필요하다고 연구자는 생각한다. 정신분석은 분명 인간성 회복에 중요한 단서를 가지고 있으며 정신분석의 발자취를 따라 내면으로의 여정을 떠날 때, 우리는 인간성을 회복함과 동시에 인간의 존엄성을 위해 과학 기술을 활용할 수 있는 능력을 성취할 수 있을 것이다.

Ⅴ. 결론 및 제언

본 연구는 제4차 산업혁명을 통한 기술의 혁신의 기저에는 인간의 무의식적 소망이 깔려 있다는 전제하에 연구를 진행하였다. 프로이트, 클라인, 위니캇, 비온과 같은 정신분석학자들의 이론과 제4차 산업혁명 관련 전문가들의 연구를 참고하여 기술의 발달로 인해 일어나는 사회적 변화와 앞으로의 추이를 분석해보았다. 연구자는 사물인터넷, 빅데이터, AI와 같은 대표적인 4차 산업혁명의 주요 기술들의 설계와 발달의 기저에는 인간의 전능 환상과 통제욕구가 깔려있다는 가설을 기반으로 이것이 인간의 환상세계, 대인관계 그리고 쉴 수 있는 능력에 어떠한 영향을 미치는지에 대해 탐구해 보았다. 본 연구에서 우리의 무의식적 소망에는 현재 당면한 문제들을 주어진 기술을 사용하여 좀 더 신속하게 해결하고자 하는 그리고 모든 상황과 관계를 통제하고자 하는 욕망이 깔려 있다고 보았다.

정신분석에서는 인간의 정신활동이 생후 초기부터 무의식적 환상세계에서 벌어진다고 가정한다.[123] 그러나 환상세계는 홀로 고립된 채 존재하는 것이 아니라, 현실세계와의 상호작용을 통해 발달되고 확장되어 간다. 건강한 환상세계는 개인이 현실세계에서 점진적으로 적응하여 살아갈 수 있는 자원을 제공해주며 현실세계에서의 다양한 경험들은 개인의 환상세계를 풍부하게 가꾸어준다. 정보의 디지털화를 실현시킨 제3차 산업혁명에 이어서 물질세계에서 가상세계를 중심으로 발전해나가는 제4차 산업혁명을 통해 사용자들은 가상세계를 현실로부터 도피하기 위한 정신적 은신처로 삼는 경향성을 보여주기 시작하였다. 가상세계를 현실에 도입하여 현실세계의 중요성을 간과하는 것은 결과적으로 개인의 환상세계의 발달을 저해하고 현실에서의 적응력을 약화시킨다. 또한 우리의 일상생활에서 점차적으로 높아져가는 가상세계에 대한 의존성을 정신분석적으로 생각해볼 때, 그 밑면에는 뜻대로 되지 않는 현실에 비해 상대적으로 개인의 전능환상과 통제욕구를 제약 없이 펼칠 수 있는 가상공간에 대한 무의식적 끌림이 있는 것으로 보인다. 애초에 디지털 기술의 발달과 가상세계의 발달에 이러한 인간의 전능환상과 통제의 의도가 숨어있다 주장할 수는 없으나, 현재 시점에서 기술이 사용되는 사회 문화적 패턴을 바라볼 때에 충분히 그러한 결론이 도출될 수 있다고 연구자는 본다.

21세기에 사람들이 일반적으로 가상세계에 머무는 시간이 늘어난 만큼, 그들의 대인관계 또한 가상세계에서 많이 이루어지고 있다. 가상의 플랫폼에서 벌어지는 많은 상호작용에서 개개인에게 주어지는 수많은 통제권이 그만큼 우리의 인간관계를 축소시키며 피상적으로 만들어가고 있다. 또한 소통의 편리성을 위해 발달된 수많은 통신 기기들은 오히려 인간관계에서 정서적 접촉을 배제시키고, 시행착오를 통해 발달될 수 있는 관계적 기술 습득의 기회를 제공하지 않는 방식으로 사용되고 있다.

우리는 그러한 침범적인 기술의 사용으로부터 스스로를 보호하기 위한 하나의 방어로서 과학기술을 사용하고 있지만, 역설적으로 최근의 고도화된 기술의 발달은 지나치게 우리의 개인적 시간과 공간을 침범하는데 남용되고 있다. 그러나 그러한 침범적인 접근을 통제하기 위한 또 다른 기술의 사용은 진정한 인간관계의 발달에 도움이 되지 않으며 오히려 현대인의 고립감과 외로움을 부추기는 원인이 되고 있다. 뿐만 아니라 정교화된 현대 기술은 우리의 무의식에 자리 잡고 있는 상대방을 통제하고 싶은 욕구와 상대방에 대해 전부 알고 싶은 전능환상을 자극하여 기술의 오용과 남용으로 이어지고 있다.

앞서 논의된 환상세계와 대인관계의 영역에서도 나타나듯이, 물리적으로 우리는 그 어느 때보다 바쁘게 이동하는 삶을 살고 있다. 그리고 이러한 삶의 방식은 우리가 더욱 빠르고 효율적이게 살아갈 수 있도록 도와주는 기술의 발달이 있었기에 가능하였다. 그러나 어떻게 하면 더 빠르고 편리한 삶을 영위할 수 있을까 하는 고민에 부합하는 기술만을 발달시키는 과정에서 우리는 쉼의 중요성을 등한시하게 되었다. 우리에게 시공간적으로 개인적인 비어있음이 필요하다는 것을 연구자는 정신분석적으로 그리고 다른 심리학 연구 결과를 접목하여 접근해보았다. 결과적으로 우리의 효율성을 향상시켜주고 일상생활에서의 편리함을 개선시켜주기 위해 도입된 과학 기술들은 우리의 삶의 속도를 가속화시켜 우리의 삶에서 쉼의 공간을 축소시켜왔다. 이렇듯 우리의 삶에서 쉼을 배제시키는 기저에는 물리적으로 그리고 정신적으로 잠시 멈추어 있는 상태에서 직면하게 되는 자신의 정서 상태와의 접촉을 외면하고 싶은, 자신의 고통스러운 정동과 마주하고 싶지 않은 소망이 숨겨져 있다고 볼 수 있다. 우리를 더욱 바쁘게 하는 행위는 결국 우리자신의 정신과 마주하여 소통하는 것에 대한 드려움과 불안을 잠재우기 위한 하나의 방어책이라고 볼 수 있다. 그러나 이러한 일시적인 회피는 결코 내면의 불안을 해결하주지 못하며, 이러한 정서 상태를 등한시하는 생활 패턴은 결국 현대인에게서 공통적으로 대두되고 있는 공허함과 외로움으로 드러난다고 볼 수 있다. 즉, 쉼의 중요성은 단순히 육체적 휴식의 중요성뿐만 아니라 잠시 멈추어서 자신의 내면을 바라보고 그에 따른 정서를 담아낼 수 있는 훈련의 연장선상이라는 점에서 그 가치가 있다. 그리고 더욱 정교하고 고도화된 기술 발달을 도모하는 4차 산업혁명의 발달 방식은 이러한 비어있음의 중요성과 쉼의 가치의 인식을 저해하며, 뿐만 아니라 우리의 삶을 더욱 포화시키는 방향으로 나아가고 있다고 보인다.

제4차 산업혁명은 그 혁신적인 기술 발달에 대표적인 두 가지의 측면을 내세우고 있다, 그것들은 바로 초지능화와 초연결성이다. 모든 것을 다 알고자하는 것과 모든 것에 다 연결되어 있고자 하는 마음의 기저에는 앞서 논의된 전능환상과 그것을 넘어선 전지 환상, 그리고 그에 따른 통제욕구가 깊숙이 자리잡고 있다고 볼 수 있다. 연구자는 제4차 산업혁명의 대표적인 이 두 가지 개념이 앞서 다루어진 인간의 환상세계, 대인관계 그리고 쉴 수 있는 능력에 미치는 4차 산업혁명의 영향력에서 집중적이고 반복적으로 나타난 문제들을 압축적으로 보여준다고 생각한다. 그리고 이러한 문제들을 살펴보면서 사회 문화적으로 여러 방면에서 패러다임의 변화를 가져오는 4차 산업혁명의 시대가 도래하는 지금이 우리의 삶을 재정비할 수 있는 가장 적합한 시기라고 생각한다. 그 어느 때보다도 정신적으로 건강한 성숙함이 주목받는 최근 사회의 흐름과 맞물려 4차 산업혁명의 시대에 우리는 우리의 인간성을 회복할 수 있는 기회를 잡았다고 볼 수 있다.

또한, 1차 산업혁명부터 현재 4차 산업혁명에 이르는 과정에서 이루어진 과학 기술의 발달이 인간의 삶의 질을 높이는데 큰 공헌을 했다는 것을 부인할 수 없는 사실이다. 그러나 인류가 스스로가 일구어낸 발명품들과 기술력에 심취하여 현재 그것이 어떻게 사용되고 있는지 그리고 그것의 기저에는 어떠한 문제가 자리 잡고 있는지에 대한 논의가 충분히 되고 있지 않다. 그러므로 이러한 문제의 근원을 제대로 파악하지 못한 상태에서 이루어지는 기술의 발달은 우리의 삶에 이롭게 사용되기가 어렵다. 끊임없이 고도화된 기술의 발달에 집착하는 우리의 경향성은 아마도 우리가 본질적으로 무엇을 추구하는 지에 대한 진실된 접촉을 회피하고 싶은 무의식적 소망을 나타내는 것으로 보인다. 그렇기 때문에 연구자는 인간의 깊은 무의식과 정신세계 탐구에 가치를 두는 정신분석적 이론을 적용한 연구의 중요성을 강조하지 않을 수 없다.

물론, 4차 산업혁명이 우리에게 부정적인 영향만을 주는 것은 아니다. 분명 4차 산업혁명은 여러 방면에서 우리에게 새로운 방법들을 제시해줄 수 있을 것이다. 다만, 우리가 더 나은 기술의 발달과 함께 그 기저에 있는 우리의 무의식적 의도와 소망에 대해 생각해보는 시간을 갖고, 이러한 과학 기술들이 우리의 삶에 미치는 영향을 생각해본다면 우리는 좀 더 선택적으로 기술의 발달을 받아들이고 우리의 행복을 위해 적절하게 사용할 수 있게 될 것이다.

후속 연구들에서는 제4차 산업혁명이 긍정적인 방향으로 사용될 수 있는 여러 가능성에 대한 검토가 이루어져야 할 것이다. 또한, 디지털화 된 사회의 등장과 함께 출현하는 21세기의 새로운 정신 병리의 발현 패턴과 특징들을 연구하고 치료하는데 있어서 정신분석이 어떠한 위치에 서있는지에 대한 고찰 또한 필요하다고 보인다.

주석

1) Eigen, M. (2014). Faith. Karnac, p123.
2) Bion, W. R. (1992). Cogitations. London: Karnac, p151-156.
3) Freud, S. (1915).『The Unconscious』. SE, 14. 159-204.
4) 아날로그. (2008. 12. 30). IT용어사전.
5) 디지털. (날짜 미상). 두산백과.
6) 아날로그와 디지털 기술 둘 다 전기신호를 사용하지만, 아날로그 기술은 연속적으로 변화하는 물리량을 측정하여 전달하는 데에 비해 디지털 기술은 데이터를 불연속적으로 정보를 끊어서 전달하기 때문에 정보 전달에 있어 정밀도를 높일 수 있다.
7) Schwab, K. / 송경진 옮김.『클라우스 슈밥의 제4차 산업혁명』. 새로운 현재. 2016. 186쪽.
8) 인터넷 상의 서버를 통해 파일이나 문서와 같은 데이터를 저장하고, 네트워크와 콘텐츠 사용 등 정보 기술 관련 서비스를 한번에 사용할 수 있는 컴퓨터상의 환경을 의미한다. 클라우드(Cloud)는 무형의 형태로 존재하는 하드웨어/소프트웨어 등의 컴퓨터 자원을 필요한 만큼 빌려 쓰고 사용료를 지불하는 방식의 사이버상의 서비스이다(두산백과).
9) Schwab, K. / 송경진 옮김.『클라우스 슈밥의 제4차 산업혁명』. 새로운 현재. 2016. 5쪽.
10) 김은 외 11인 지음.『4차 산업혁명과 제조업의 귀환』. 클라우드나인. 2017. 44-45쪽.
11) 송원섭. (프로듀서). (2017). 차이나는 클라스: 질문 있습니다 [19강, 정재승 교수: '4차 산업혁명, 나랑 뭔 상관?']. 서울: JTBC.
12) Schwab et al. / 김진희, 손용수, & 최시영 옮김.『4차 산업혁명의 충격』. 흐름출판. 2016. 56쪽.

13) 김은 외 11인 지음.『4차 산업혁명과 제조업의 귀환』. 클라우드나인. 2017. 343-344쪽.

14) 위의 책, 275쪽.

15) Schwab, K. / 송경진 옮김.『클라우스 수밥의 제4차 산업혁명』. 새로운 현재. 2016. 204쪽.

16) 위의 책, 32쪽.

17) 위의 책, 217쪽.

18) 김은 외 11인 지음.『4차 산업혁명과 제조업의 귀환』. 클라우드나인. 2017. 256쪽.

19) Schwab, K. / 송경진 옮김.『클라우스 슈밥의 제4차 산업혁명』. 새로운 현재. 2016. 12-13쪽.

20) 기존에 존재하는 모듈을 조합해 제조하는 것. 김은 외 11인 지음.『4차 산업혁명과 제조업의 귀환』. 클라우드나인. 2017. 49-52쪽.

21) Sigmund, F. (1911).『Psycho-Analytic Notes on an Autobiographical Account of a Case of Paranoia (*Dementia Paranoides*)』. SE 12. 3-82.

22) Grotstein, J. / 이재훈 외 옮김.『그러나 동시에 또 다른 수준에서』. 한국심리치료연구소. 2015. 240쪽.

23) 위의 책, 239쪽.

24) Segal, H. (1992).『Phantasy and reality』. SE 12. 3-82.

25) Segal, H. / 이재훈 옮김,『멜라니 클라인』. 한국심리치료연구소. 1999. 52-53쪽.

26) 위의 책, 90쪽.

27) Grotstein, J. / 이재훈 외 옮김.『그러나 동시에 또 다른 수준에서』. 한국심리치료연구소. 2015. 410-416쪽.

28) Segal, H. / 이재훈 옮김.『멜라니 클라인』. 한국심리치료연구소. 1999. 87-89쪽.

29) 위의 책, 128-133쪽.

30) Hinshelwood, R. D. / 이재훈 옮김.『임상적 클라인』. 한국심리치료연구소. 2006. 176쪽.

31) Segal, H. / 이재훈 옮김.『멜라니 클라인』. 한국심리치료연구소. 1999. 136쪽.
32) Hinshelwood, R. D. / 이재훈 옮김.『임상적 클라인』. 한국심리치료연구소. 2006. 120-123쪽.
33) Hinshelwood, R. D. / 이재훈 옮김.『임상적 클라인』. 한국심리치료연구소. 2006. 120-143쪽.
34) Steiner, J. / 김건종 옮김.『정신적 은신처』. 눈출판사. 2013. 15-33쪽.
35) Winnicott, D. W. / 이재훈 옮김.『울타리와 공간』. 한국심리치료연구소. 1997. 109-110쪽.
36) Winnicott, D. W. / 이재훈 옮김.『성숙과정과 촉진적 환경』. 한국심리치료연구소. 2000. 64쪽.
37) Winnicott, D. W. / 이재훈 옮김.『울타리와 공간』. 한국심리치료연구소. 1997. 119-124쪽.
38) Winnicott, D. W. / 이재훈 옮김.『성숙과정과 촉진적 환경』. 한국심리치료연구소. 2000. 260-281쪽.
39) 위의 책, 576쪽.
40) 위의 책, 260-281쪽.
41) 위의 책, 575-576쪽.
42) Eigen, M. / 이재훈 옮김.『심연의 화염』. 한국심리치료연구소. 2013. 22-30쪽.
43) Winnicott, D. W. / 이재훈 옮김.『성숙과정과 촉진적 환경』, 한국심리치료연구소, 2000, 37-49쪽.
44) Winnicott, D. W. / 이재훈 옮김.『성숙과정과 촉진적 환경』, 한국심리치료연구소, 2000, 103-110쪽.
45) Winnicott, D. W. / 이재훈 옮김.『소아의학을 거쳐 정신분석학으로』, 한국심리치료연구소, 2011, 424-425쪽.
46) Winnicott, D. W. / 이재훈 옮김.『소아의학을 거쳐 정신분석학으로』, 한국심리치료연구소, 2011, 311-331쪽.
47) 위의 책, 449-458쪽.
48) 위의 책, 311-331쪽.

49) Grotstein, J. / 이재훈 옮김.『흑암의 빛줄기』. 한국심리치료연구소. 2012. 237-248쪽.

50) 위의 책, 117-118쪽.

51) 위의 책, 476-478쪽.

52) Grotstein, J. / 이재훈 외 옮김.『그러나 동시에 또 다른 수준에서』. 한국심리치료연구소. 2015. 203-209쪽.

53) Grotstein, J. / 이재훈 옮김.『흑암의 빛줄기』. 한국심리치료연구소. 2012, 343-348쪽.

54) Freud, S. (1915). The Unconscious. SE 14. 161-215.

55) American Psychoanalytic Association. / 이재훈 외 옮김.『정신분석 용어사전』. 한국심리치료연구소. 2002. 533-534쪽.

56) Eigen, M. / 이재훈 옮김. 『심연의 화염』. 한국심리치료연구소. 2013. 22쪽.

57) Winnicott, D. W. / 이재훈 옮김.『성숙과정과 촉진적 환경』. 한국심리치료연구소. 2000. 575-576쪽.

58) Steiner, J. / 김건종 옮김.『정신적 은신처』. NUN 출판사. 2013. 18-31쪽.

59) Grotstein, J. / 이재훈 옮김.『흑암의 빛줄기』. 한국심리치료연구소. 2012. 447쪽.

60) Winnicott, D. W. / 이재훈 옮김,『성숙과정과 촉진적 환경』, 한국심리치료연구소, 2000, 37-49쪽.

61) Grotstein, J. / 이재훈 옮김.『흑암의 빛줄기』. 한국심리치료연구소. 2012. 117-118쪽.

62) Winnicott, D. W. / 이재훈 옮김,『성숙과정과 촉진적 환경』, 한국심리치료연구소, 2000, 37-49쪽.

63) Schwab, K. / 송경진 옮김.『클라우스 슈밥의 제4차 산업혁명』. 새로운현재. 2016. 81-85쪽.

64) Winnicott, D. W. / 이재훈 옮김,『울타리와 공간』, 한국심리치료연구소, 1997, 144-145쪽.

65) Schwab, K. / 송경진 옮김.『클라우스 슈밥의 제4차 산업혁명』. 새로운현재. 2016. 186-187쪽.

66) 송윤경 기자. (2017, 10월 24일). 기상청 예보관은 어떻게 일하나. 경향신문.
67) 이정아 기자. (2016, 8월 24일). 말문 닫은 기상청이 부족한 두 가지. 헤럴드경제
68) 송윤경 기자. (2017, 10월 24일). 기상청 예보관은 어떻게 일하나. 경향신문.
69) Howard, J. (2017, Nov 6). There are health-tracking wearables for babies, too. CNN.
70) Winnicott, D. W. / 이재훈 옮김,『울타리와 공간』, 한국심리치료연구소, 1997. 150-151쪽.
71) 위의 책, 145쪽.
72) Stonebridge, L, & Philips, J. (Eds.).(1998). Reading Melanie Klein. New York, NY: Routledge.
73) Donohew, L., Sypher, H, E., & Higgins, E. T. (Eds.).(2015).『Communication, Social Cognition, and Affect』. Psychology Press. p.19.
74) Schroeder, J. E. (2002).『Visual consumption』. Routledge p.161.
75) 뇌가 작동하는 방식과 같이 시각을 통해 무언가를 인지하면, 그에 필요한 정보를 자유자재로 화면이나 영상의 형태로 실시간 제공할 수 있는 기술.『클라우스 슈밥의 제4차 산업혁명』. 182쪽.
76) Schwab, K. / 송경진 옮김.『클라우스 슈밥의 제4차 산업혁명』. 새로운현재. 2016. 180-182쪽.
77) Grotstein, J. / 이재훈 옮김.『흑암의 빛줄기』. 한국심리치료연구소. 2012, 343-345쪽.
78) 위의 책, 346-348쪽.
79) Turkle, S. (2012). TedTalk. Connected, but alone?
80) 위의 강의.
81) Turkle, S. (2015). Talks at Google. Conversation on Modern Romance.

82) Winnicott, D. W. / 이재훈 옮김,『성숙과정과 촉진적 환경』, 한국심리치료연구소, 2000, 39쪽.

83) Turkle, S. (2012). TedTalk. Connected, but alone?

84) Segal, H. / 이재훈 옮김, "어린이 정신분석".『멜라니 클라인』. 한국심리치료연구소. 1999. 87-89쪽.

85) Goldilock's effect: Turkle, S. (2012). TedTalk. Connected, but alone?

86) Winnicott, D. W. / 이재훈 옮김,『울타리와 공간』, 한국심리치료연구소, 1997, 144쪽

87) 위의 책, 143쪽.

88) Winnicott, D. W. / 이재훈 옮김. "정서발달에 관련된 공격성",『소아의학을 거쳐 정신분석학으로』, 한국심리치료연구소, 2011, 424-425쪽.

89) Freud, S.(1927).Freud's letter to Pfister. October 22, 1927. By permission of Sigmund Freud Copyrights, Basic Books.

90) Turkle, S. (2012). TedTalk. Connected, but alone?

91) Wilson, T. D., Reinhard, D. A., Westgate, E. C., Gilbert, D. T., Ellerbeck, N., Hahn, C., Brcwn, C. L., & Shaked, A. (2014). Just think: The challenges of the disengaged mind. Science. 345(6): 75-77.

92) Winnicott, D. W. / 이재훈 옮김.『성숙과정과 촉진적 환경』, 한국심리치료연구소, 2000, 37-49쪽.

93) Winnicott, D. W. / 이재훈 옮김,『놀이와 현실』, 한국심리치료연구소, 1997, 61쪽.

94) Eigen, M. / 이재훈 옮김.『신앙과 변형』. 한국심리치료연구소. 2014. 50쪽

95) 위의 책, 15-31쪽.

96) Schwab, K. / 송경진 옮김.『클라우스 슈밥의 제4차 산업혁명』. 새로운 현재. 2016. 165쪽.

97) 위의 책, 32쪽.

98) 위의 책, 173쪽.

99) Eigen, M. / 이재훈 옮김.『심연의 화염』. 한국심리치료연구소. 2013. 22-30.

100) Uddin, L. Q., Clare Kelly, A. M., Biswal, B. B., Castellanos, F. X., & Milham, M. P. (2009). Functional connectivity of default mode network components: correlation, anticorrelation, and causality. Human Brain Mapping, 30(2), 10.1002/hbm.20531. http://doi.org/10.1002/hbm.20531.

101) Epstein, M. (1989). Forms of emptiness: Psychodynamic, meditative and clinical perspectives. The journal of Transpersonal Psychology. 21(1): 61-71.

102) Grotstein, J. / 이재훈 옮김.『흑암의 빛줄기』. 한국심리치료연구소. 2012. 447쪽.

103) Schwab, K. / 송경진 옮김.『클라우스 슈밥의 제4차 산업혁명』. 새로운 현재. 2016. 132.

104) Eigen, M. / 이재훈 옮김.『깊이와의 접촉』. 한국심리치료연구소. 2012. 92쪽.

105) Eigen, M.『Madness and murder』. 2010. p.65-66.

106) Freud, S. (1912). Recommendations to Physicians Practising Psycho-Analysis. SE 7. 109-120.

107) Eigen, M.『Madness and murder』. 2010. p.65-66.

108) Eigen, M. / 이재훈 옮김.『깊이와의 접촉』. 한국심리치료연구소. 2012. 91쪽.

109) Sax, D. / 박상현 & 이승연 옮김.『아날로그의 반격』. 2017. 419-420.

110) Turkle, S. (2015). Talks at Google. Conversation on Modern Romance.

111) 김은 외 11인 지음.『4차 산업혁명과 제조업의 귀환』. 클라우드나인. 2017. 342쪽.

112) 위의 책, 158쪽.

113) Grotstein, J. / 이재훈 옮김.『흑암의 빛줄기』. 한국심리치료연구소. 2012. 476-478쪽.

114) 위의 책, 466-467쪽.
115) Klein, M. Envy and Gratitude. 1957. p.181.
116) Eigen, M./이재훈 옮김.『그리고 동시에 또 다른 수준에서』. 한국심리치료연구소. 2015. 414-415쪽.
117) Symington, N.『Becoming a Person Through Psychoanalysis』. p.272.
118) Winnicott, D. W. / 이재훈 옮김.『소아의학을 거쳐 정신분석학으로』, 한국심리치료연구소, 2011, 424-425쪽.
119) Schwab, K. / 송경진 옮김.『클라우스 슈밥의 제4차 산업혁명』. 새로운현재. 2016. 81-85쪽.
120) 김은 외 11인 지음.『4차 산업혁명과 제조업의 귀환』. 클라우드나인. 2017. 435쪽.
121) Winnicott, D. W. / 이재훈 옮김.『울타리와 공간』. 한국심리치료연구소. 1997. 146쪽.
122) Eigen, M./이재훈 옮김. 『그리고 동시에 또 다른 수준에서』. 한국심리치료연구소. 2015. 502쪽
123) Segal, H. (1992).『Phantasy and reality』. SE 12. 3-82.

참 고 문 헌

Bion, W. R. (1991). *Cogitations*. Karnacs.

Donohew, L., Sypher, H, E., & Higgins, E. T. (Eds.). (2015). *Communication, social cognition, and affect*. New York, NY: Psychology Press.

Eigen, M. (1993). *The electrified tightrope*. Jason Aronson Inc.

Eigen, M. (2009). Flames from the unconscious: *Trauma, madness, and Faith*. Karnac Books. 이재훈 옮김 (2012). 『심연의 화염』. 한국심리치료연구소.

Eigen, M. (2011). *Contact with the depths*. Karnac Books. 이재훈 옮김 (2012). 『깊이와의 접촉』. 한국심리치료연구소.

Eigen, M. (2011). *Faith and transformation: Eigen in Seoul* (Volume two). Karnac Books. 이재훈 옮김 (2014). 『신앙과 변형: 아이건 박사 서울정신분석 강좌 II』. 한국심리치료연구소.

Epstein, M. (1989). Forms of emptiness: Psychodynamic, meditative and clinical perspectives. *The Journal of Transpersonal Psychology*. 21(1): 61-71.

Freud, S. (1912). Recommendations to Physicians Practising Psycho-Analysis. SE 7. 109-120.

Freud, S. (1915). The Unconscious. SE 14. 161-215.

Freud S. Letter to Oskar Pfister of 10/22/1927. In: Meng H, Freud EL (eds). Psychoanalysis and faith: the

letters of Sigmund Freud and Oskar Pfister. New York, NY: Basic Books, 1963.
Grotstein, J. (2007), *A Beam of Intense Darkness*. Karnac Books. 이재훈 옮김. (2012). 『흑암의 빛줄기』. 한국심리치료연구소.
Grotstein, J. (2009). *But at the Same Time and on Another Level*. Karnac Books. 이재훈 외 옮김 (2015). 『그러나 동시에 또 다른 수준에서』. 한국심리치료연구소.
Hinshelwood, R. D. (1994). *Clinical Klein: from theory to practice*. 이재훈 옮김 (2006). 『임상적 클라인: 이론과 실제』. 한국심리치료연구소.
Howard, J. (2017, Nov 6). There are health-tracking wearables for babies, too. CNN. Retrieved from https://edition.cnn.com/2017/11/06/health/baby-technology-prod ucts-teching/index.html
Klein, M. (1957). *Envy and gratitude*. Routledge.
Lopez-Corvo, R. E. (2005). The dictionary of the work of W. R. Bion. 이재훈 옮김 (2017). 『비온정신분석사전』. 한국심리치료연구소.
Sax, D. (2016). *The revenge of analog: Real things and why they matter*. PublicAffairs. 『아날로그의반격』. 박상현 & 이승연 옮김. (2017). 어크로스.
Schroeder, J. E. (2002). *Visual consumption*. New York, NY: Routledge.
Schwab, K. (2016). *The fourth industrial revolution*. 송경진 옮김. (2016). 『4차 산업혁명과 제조업의 귀환』. 새로운 현재.
Schwab, Ketal (2016). *The fourth industrial revolution*. 김진희, 손용수 & 최시영 옮김. (2016). 『4차 산업혁명의

충격: 과학기술 혁명이 몰고 올 기회와 위협』. 흐름출판.
Segal, H. (1980). Melanie Klein. The Viking Press. 이재훈 옮김. (1999). 『멜라니 클라인』. 한국심리치료연구소.
Segal, H. (1992). Phantasy and reality. The contemporary Kleinians of London. International Universities Press.
Steiner, J. (1993). *Psychic retreat: Pathological organisations in psychotic, neurotic, and borderline patients.* Routledge. 김건종 옮김. (2013). 『정신적 은신처』. 눈출판사.
Symington, N. (2007). *Becoming a person through psychoanalysis.* London:Karnac Books.
Uddin, L. Q., Clare Kelly, A. M., Biswal, B. B., Castellanos, F. X., & Milham, M. P. (2009). Functional connectivity of default mode network components: Correlation, anticorrelation, and causality. *Human Brain Mapping, 30*(2). http://doi.org/10.1002/hbm.20531
Wilson, T. D., Reinhard, D. A., Westgate, E. C., Gilbert,D.T., Ellerbeck, N., Hahn, C., Brown, C. L., & Shaked, A. (2014). Just think:The challenges of the disengaged mind. *Science.* 345(6): 75-77.
Winnicott, D. W. (1950). *Through paediatrics to psychoanalysis.* Karnac Books. 이재훈 옮김. (2011). 『소아의학을 거쳐 정신분석학으로』. 한국심리치료연구소.
Winnicott, D. W. (1960). *The maturational processes and the facilitating environment.* Karnac Books. 이재훈 옮김. (2000). 『성숙과정과 촉진적 환경』. 한국심리치료연구소.

Winnicott, D. W. (1991). *Boundary and space*. Karnac Books. 이재훈 옮김 (2000). 『울타리와 공간』. 한국심리치료연구소.

[Talks at Google]. (2015, Oct 30). Sherry Turkle: Conversation on modern romance.[Video File]. https://www.youtube.com/watch?v=69FXjBPG7F4

[TED]. (2012, Apr 3).Connected, but alone?Sherry Turkle.[VideoFile].https://www.youtube.com/watch?v=t7Xr3AsBEK4

김은 외 11인. (2017). 『4차 산업혁명과 제조업의 귀환』. 클라우드나인.

디지털. (날짜 미상). 두산백과.

송원섭. (프로듀서). (2017). 차이나는 클라스: 질문 있습니다 [19강, 정재승 교수: '4차 산업혁명, 나랑 뭔 상관?']. 서울: JTBC.

송윤경 기자. (2017, 10월 24일). 기상청 예보관은 어떻게 일하나. 경향신문. Retrieved from http://h2.khan.co.kr/view.html?id=201710221011001

아날로그. (2008. 12. 30). IT용어사전.

이정아 기자. (2016, 8월 24일). 말문 닫은 기상청이 부족한 두 가지. 헤럴드경제. Retrieved from http://hooc.heraldcorp.com/view.php?ud=20160824001030

정신분석 아카데미 시리즈 9

제 4차 산업혁명에 대한 정신분석적 고찰

발행일 2018년 5월 10일

지은이 박보린
펴낸이 이재훈
펴낸곳 한국심리치료연구소

주소 서울시 종로구 새문안로5가길 28,
(적선동, 광화문플래티넘) 918호
전화 02) 730-2537~8
팩스 02) 730-2539
홈페이지 www.kicp.co.kr
E-mail kicp21@naver.com
등록 제22-1005호(1996년 5월 13일)

정가 7,500원

ISBN 978-89-97465-39-2
이 도서의 국립중앙도서관 출판시도서목록(cip)은 홈페이지
(http://www.nl.go.kr/cip.php)에서 이용하실 수 있습니다.
(제어번호: 93180)